与团队共生
解决10000个
公司领导的烦恼

［日］浅井浩一 著

石小娟 译

中国科学技术出版社

·北京·

1 MANNIN NO LEADER GA NAYANDEIRU KOTO by KOICHI ASAI /ISBN: 978-4-478-10476-7
Copyright © 2019 by KOICHI ASAI
Simplified Chinese translation copyright © 2019 by China Science and Technology Press Co.,Ltd.
All rights reserved.
Original Japanese language edition published by Diamond,Inc.
Simplified Chinese translation rights arranged with Diamond,Inc.through Shanghai To-Asia Culture Co.,Ltd.

北京市版权局著作权合同登记 图字：01-2020-4850。

图书在版编目（CIP）数据

与团队共生：解决10000个公司领导的烦恼/（日）浅井浩一著；石小娟译. -- 北京：中国科学技术出版社，2020.12

ISBN 978-7-5046-8853-8

I. ①与… II. ①浅… ②石… III. ①企业管理－组织管理学 ②企业领导学 IV. ① F272.9

中国版本图书馆 CIP 数据核字（2020）第 201943 号

策划编辑	申永刚　赵　嵘	版式设计	锋尚设计
责任编辑	陈　洁	责任校对	张晓莉
封面设计	马筱琨	责任印制	李晓霖

出　　版	中国科学技术出版社
发　　行	中国科学技术出版社有限公司发行部
地　　址	北京市海淀区中关村南大街 16 号
邮　　编	100081
发行电话	010-62173865
传　　真	010-62173081
网　　址	http://www.cspbooks.com.cn

开　　本	880mm × 1230mm　1/32
字　　数	140 千字
印　　张	7.5
版　　次	2020 年 12 月第 1 版
印　　次	2020 年 12 月第 1 次印刷
印　　刷	北京盛通印刷股份有限公司
书　　号	ISBN 978-7-5046-8853-8/F·906
定　　价	59.00 元

（凡购买本社图书，如有缺页、倒页、脱页者，本社发行部负责调换）

前言

10000个公司领导的"共同烦恼"

没有无烦恼的领导。或者可以说,领导的烦恼无穷无尽。领导们的日常就是对抗一个接一个的麻烦和难题。

和读者们一样,作为一个职场领导,工作中我也有各种烦恼。

有件事我至今难以忘却。

24年前,几乎没有任何工作经验和成绩的我突然被公司提拔成为某个分店的领导。在欢迎会上,我非常紧张,但仍然笑着打招呼说:"拜托了!"

对此,有位年长的员工问我:"究竟拜托我们什么呢?"

显然，他看上去一副不耐烦的样子，但他的话让我切实感受到"我怎么会被你这个什么都不懂的毛头小伙看不起呢"。

孤立无援、荆棘载途。

在这样的逆境中，我开启了自己的领导生涯。

即便如此，我尽可能地努力，遇到困难就拜托员工，真诚地将自己的不足告知大家，拼命挥洒着汗水。之后，同事们的态度逐渐发生变化，他们想着要帮助这位无所依靠的上司，于是大家都很努力。

最终，我带领的分店连续两年在全国各分店中取得业绩第一的好成绩。要知道它原来在31家分店的业绩排名中从未进过前25名，用棒球界的话说，就是万年B级的分店。

自2001年起，我充分发挥自己在员工时期的经验，在日本的顶级商务学校"经营学院"里从事公司领导人培养的工作。

我们接受来自企业、行业协会、各类团体等地方的委托，每年举办上百次的进修、演讲，也曾担任顾问深入企业，与这些领导们一起思考、解决烦恼。我们通过研讨会、咨询会指导的领导者人数目前已超过10000人。

"多亏浅井先生，我明确了领导者应该做的事情。"我在听到这样温暖声音的同时，每天也会接受很多未能消除烦恼的企业领导们前来咨询。

我想直接解决领导们的烦恼,因此写下本书。本书就是这些想法汇集的成果。本书从10000多个公司领导的烦恼中严选50个案例,并针对这些烦恼——给出我的"解答"。

"烦恼"的原因只有一个

领导们所有的烦恼的根本在于公司追求业绩的压力。

如果公司能对我们说:"业绩无所谓,销售额提升与否不影响公司对你的评价。快乐地工作吧。"那该多么轻松。但是,公司领导常常被业绩束缚。

无论是哪一位领导都会苦恼于团队和本人"应展示的形象"与"现实"之间的差距。

然而,看了10000个"领导人的烦恼"后,你会发现很少有"无法承受业绩压力"这样直白的表达。

大多都是与"和员工的沟通"方面相关的烦恼。

原因是什么呢?

10000个领导的烦恼，
大多是"和员工的沟通"问题

同样的话说了很多次，员工还是不做。

属下能力低下，没有进步的热情。

不仅如此，属下还常常是反抗的态度。

综上所述，领导的烦恼大多"和员工相关"，这是为什么？

那是因为**"公司追求的业绩"不是领导一个人创造的，是需要和员工们共同完成的。**

仅靠"领导一个人的努力"，解决不了任何问题。

唯有共同努力，才能提升团队业绩。

但是，我们的团队成员无法提高业绩。如此一来，"公司追求的业绩压力"就会转变为"和员工沟通方面的烦恼"，所以这也就被当作"10000个公司领导的烦恼"。

换句话说，领导的烦恼大多是"**无法提升公司业绩的员工们的烦恼**"。

业绩提升了，领导（公司）就不会说什么了，但是员工们呢？

当然，烦恼不光来源于员工们。

10000个公司领导中的大部分都是中层领导，即中层管理者。如果是部门主管的话，那么对他的领导——总监也会有烦恼。

只不过总的来说，如果业绩提高了，"对上司的烦恼"大多就消除了。

如果你（你所率领的团队）一直在提升业绩，就不会有大问题。只要奉行"业绩至上"，就能让上司满意。

公司的业绩越难提升，就越重视能提升业绩的人才。

但是，在员工那里，这个道理行不通。

因为不可能让员工在业绩方面什么都不做。所谓的"业绩"不是上司一个人创造的，而是和员工一起完成的。

另一方面，和员工关系融洽就一定能提高业绩也未可知。

"我们是一个很和谐的团队，却不出成果"。如果是这样的话，既无法发挥团队的作用，也不能说领导很称职。

总之，企业领导关注的焦点不应该是"和员工的沟通"，而应该是团队的业绩。如果能带领团队创造出业绩，烦恼自然就会消除。

让员工不离职、不生病，共同实现公司目标

只不过，希望大家注意的是，在这里我多次强调业绩。领导烦恼的根本是"公司追求业绩的压力"，所以为了消除烦恼，公司领导只要具备"创造业绩的领导才能"即可，这是不争的事实。

但是，一味追求数字、金钱，也很难坚持下去。业绩提升了，但每个月都有员工离职，就是领导的失职。

因此，如今领导必须扩大对"业绩"这一概念的认识。仅提升销售额还不够，今后领导担负的"业绩"是让员工不离职，发挥其价值，共同努力从而实现目标。

那么，领导们要怎么做呢？

在帮助10000个公司领导消除烦恼的同时，我试着提出了"今后领导的5个做法"。

领导只要做到这5点，即使烦恼很多，也可迎刃而解。

（1）关心员工。

不把员工当成"提升业绩的工具"，而是作为一起工作的"同伴"，尊重他们、关心他们，帮助他们成长。

（2）提升自我。

作为领导，不仅要信赖、依靠员工，还应投入到日常工作中，挥洒汗水、努力提升自我。

（3）打造团队。

不要想着"只要做出成绩就可以了"，这会导致大家都各行其是，而应培养一个能为对方考虑、相互帮助的团队。

（4）做出成绩。

不要对结果一惊一乍，要正确认识结果的形成过程，在过程中切实执行。

（5）改变组织。

不要想着"我们公司不行"，这样大家只会放弃公司。领导应穷尽智慧，把周围人都带动起来，为了完成公司的目标勇往直前。

本书从这5个视角将公司领导人的"烦恼"进行分类，明确记录了有效发挥管理效能的可创造业绩的管理方法及思维方式。

收入不断增加，一家人却四分五裂，家里弥漫着"冰冷"的气息，谁也不希望有这样的家吧。与此相同，即使有利润，员工身患疾病，也会辞去工作。这样的公司更谈不上是好的组织。

构建一个低离职率且能持续实现目标的企业组织。

这并非是梦话。事实上，我以经济顾问的身份参与过各种规模、行业的公司改革，与企业共同思考，做出了不少成绩。你们也可以获得这样的成果。

希望本书能成为诸位的助力，哪怕是微薄之力，本人也倍感荣幸。

目录

第1章 关心员工 /001

01 "保护员工"指的是什么？我没有被"保护"的经历，因此无法想象。…002

02 "在这之前，尽快来找我商量"，这样的情况很多。我想成为大家都愿意找寻商量对策的领导，但太难了。…007

03 有些员工有责任感，每天都在成长，也有些员工没有长远考虑，只完成当日的工作。公司领导应该怎样引导他们？…013

04 对于"宽松世代"，领导很苦恼。他们给人以没精神、没兴趣、不会被感动的印象。请指出领导他们的关键。…017

05 容易对员工进行比较。如何平等对待他们？…021

06 有些员工令人苦恼。每个人都有自己的好恶，这个很难改变。请教一下，如何发现"与自己合不来的人的优点"？…025

07 领导员工的时候，很容易给出否定的评价。有不否定员工的秘诀吗？…029

08 关于领导被动型员工的方法，我尝试了很多，但他们还是只做我交代的工作。…034

09 希望员工能体会到充实，我经常问他们"你打算怎么做？你希望我做什么"，然而往往听不到员工的回答。…039

10 关于调动年轻员工的积极性，我有些问题。我不知道他们在想些什么。怎样做才能调动他们的积极性？…043

11 只看到员工不好的一面，不由得就指出来。请指导如何发现员工值得表扬的一面和如何自然地表达。…047

12 站在部门主管的立场上，对员工的工作能把握到什么程度？…050

13 有很多年轻员工只强调眼前的成绩，想要掩盖失败。如何改变他们？…054

第2章 提升自我 /057

14 我不擅长训斥别人。我本人也讨厌被训斥，工作的时候也"不希望被训斥"。怎么办才好？…058

15 当一个温柔的领导，还是当一个可怕的领导？我觉得可怕的领导更能让人进步。我的想法是不是过时了？…062

16 作为兼任管理者太忙了，都没有时间做公司领导者了。领导者如何做好时间分配呢？…067

17 没有年轻员工会主动说"我想成为领导",我想可能是因为他们看着我们这些领导忙碌的身影的缘故。我该如何做呢？…071

18 我认为应该做一个"想要去沟通的领导"。怎样才能获得员工的信赖呢？…076

19 很多情况下不得不严厉斥责年长的员工,总觉得这给平日的沟通留下了隐患。这种时候,应该怎样表达呢？…080

20 有时候必须让员工遵守公司规定,却遭到其反抗,起了反面效果。请教授有效的领导方式。…085

21 很怕被员工投诉职权骚扰,不知道说什么。…090

 打造团队 /095

22 为了减少和年轻员工价值观的差异,我一直在配合他们。这样做真的没问题吗？…096

23 应该和员工交流,但不能把他们当作朋友。这个界限如何把握？…100

24 老实说,没有员工来求助。即使问他们身体怎么样,大家也只是回答"还行"。怎么做才好？…104

25 没考虑与人相处的能力,仅按技能录用员工的结果是,需要相互协作的团队分崩离析。也许在人事录用中应该重视合作性。…107

26 虽然积极与员工沟通,但却怕触及个人隐私而犹豫不决。关于这点您如何考虑？…111

27　为何需要互相帮助？…115

28　我说过多次要团队协作，但很难实施下去。尽管有"团队贡献"这一考核项，但员工更注重个人业绩。…119

29　给年长的员工多分配额外的工作的时候，他们总会抱怨说"我有些吃力"。应该怎么分配额外的工作呢？…123

30　无法使小时工鼓起干劲，这点让我非常苦恼。…127

31　我的亲信工作得力，但对部下没耐心，说话不客气。提醒了很多次，仍然没有改善。…132

32　有些公司领导得不到大家的认可。关于这类领导和员工关系的改善方面能否提供一些建议？…136

33　有员工认为"自己优秀"，不会屈服于别人的意见。即使自己错了，也不承认错误。这应该怎么引导？…140

第4章　做出成绩　/145

34　无法接受上级的指示，但站在自己立场，还必须给员工下达同样的指示，心情很沉重。…146

35　越是没有成绩，和员工说的话就越少。明知道在员工辛苦的时候领导应该去问候的，怎么做才好？…151

36　问员工"能帮我做这个吗"，很担心他们会不会想"又把工作推给我了"。请教一些好的分配工作的方法。…155

37　新上任领导，但是，因为不懂专业知识，被嘲弄、无视。我该怎

么做？…159

38　听了浅井先生的讲解，我意识到信赖员工、依赖员工非常重要。但是我担心如果走错一步，可能会被当成靠不住的上司。…163

39　公司年轻员工在减少，无法让年轻员工相互竞争。…167

40　有时需要给员工分配工作。如何分配那些谁都不愿意干的工作？…171

41　浅井先生说过"不要评价结果，要评价过程"。但是，如果没有成果，再怎么赞赏过程，也只会降低员工的工作热情吧？…176

42　实施每个人的措施可以提高业绩、提升员工的工作价值。但是领导很难引导员工提出意见，怎么办？…180

43　团队成员总是出错，领导还让拿出成果，对此我不能接受。…184

第5章　改变组织　　　/189

44　领导偏心，对喜欢的员工和不喜欢的员工态度完全不同，让人非常不愉快。也没办法阻止他吧？…190

45　被任命为常败队伍的负责人真令人头疼。…194

46　加班是常规。虽然上级领导指示减少加班，但可能会影响工作。对于维持业绩的加班，您怎么想？…198

47　在不许失败的风气中，该如何原谅失败？…203

48　隔壁部门的领导对员工职权骚扰，每天谩骂员工。如何阻止他呢？…207

49 员工喊着"平衡工作与生活",对工作有所疏忽。总是在规定时间过几分钟后上班,可他的午休时间还比规定时间长。这种状况已经持续几个月了。…211

50 我会为了员工、伙伴尽自己所能,但很难"为了公司"做这些。我很奇怪吧?…215

| 结论 | **别一个人扛着** | /220 |

第1章 关心员工

不把员工当成"提升业绩的工具",而是作为一起工作的"同伴",尊重他们、关心他们,帮助他们成长。

"保护员工"指的是什么?

我没有被"保护"的经历,因此无法想象。

第1章
关心员工

听到"保护员工",你也许会想象这样一幅场景,即极富责任感的领导一个劲道歉:"员工的责任就是我的责任,今天出现这种情况,请您原谅!"

然而,现实中这种应对方式很难使事态好转。

这是因为,这样做只能使对方愤怒的矛头从"员工"转向"上司",根本解决不了问题。

什么是"保护员工"?我认为是把"员工个人"的问题<u>当作"公司整体"的问题来对待</u>。具体做法可以总结为以下3点:

(1)把员工引发的问题控制在最低程度。

(2)把对方的情感宣泄对象从"员工个人"转向"公司整体"。

(3)创造一个员工难以引发问题的环境。

员工造成这种状况时,领导该做什么?

一家食品厂发生了营业员丢失客户的重要文件这种大事件。文件中详细记录了客户及竞争对手公司的销售业绩、商品交易变化等信息。

发现文件丢失后，弄丢文件的员工立即向领导汇报。领导马上前往客户处致歉并说明情况，同时联络所有营业员，指示他们先放下手头工作，全力寻找丢失的文件。

由于弄丢文件员工的及时汇报，领导才能迅速采取保护员工的两个措施，即"把员工引发的问题控制在最低程度"和"把对方的情感宣泄对象从'员工个人'转向'公司整体'"。

对于该食品厂不隐瞒"文件丢失"这一重大过失，食品厂的领导还亲自来说明情况、致歉，并且全员出动寻找文件的这种**诚实的应对方式，对方客户的负责人非但没有生气还很感谢**。

最终，文件顺利找到了。最终，这个食品厂和客户的信赖关系更加坚固。

"保护员工"措施的最后一项是"创造一个员工难以引发问题的环境"。食品厂采取了防止此类事件再次发生的对策。

这个食品厂明确区分了可以带出公司的文件和不可以带出公司的文件。带文件外出时，在"文件带出记录本"上填上日期、具体时间和姓名，这样就完善了公司的管理体制。万一文件丢失，要像这次一样，迅速汇报上级领导，上司也不会指责汇报的员工。

如此一来，这家食品厂创造了"员工难以引发问题的环境"，这次事件后再也没有发生过文件丢失事件。

问题一定会出现

无论积极性多高，也无论多么谨慎，人们在工作中必然会出现一些问题。因为工作是人在完成，不仅有自身状况，还和对方具体情况相关。

但是，如果能在问题严重前做到前文提到的3点，就可以在不逼迫员工的情况下解决问题。

为了能迅速给出办法，重要的是如实汇报的态度。

上述事例中，如果员工没有如实汇报，其结果就不得而知。如果不知道"丢失了文件"这一事实，上司也不会给出对策。所有的应对措施都会滞后，那么即使去向客户道歉，也会被追究隐瞒问题的责任。之后很容易就会发展成禁止出入、停止交易等重大问题。

只不过，即使员工如实汇报了，领导也有可能无法迅速给出前文提到的3个处理办法。那可能是领导本身不诚实原因导致的。

用领导的"诚实"保护员工

接到员工的报告后，如果领导采取"暂时先不上报的做法"这样的态度，结果应对也会不及时。这和"保护员工"的理念是背道而驰的。

如果领导对平日里发生的问题尽快上报，在发展成大事件前就想出应对方法，员工也会学到"问题要尽快上报比较好"，这种行为也是在保护员工自己。

保护员工，说起来简单，落实到行动上比较难。

那是因为，**首先要求领导自己要诚实对待问题、麻烦**。

你向员工展现出诚实的态度了吗？

保护员工的第一步是作为领导的你开始诚实。另外，你的诚实也在保护着你自己。

"在这之前，尽快来找我商量"，这样的情况很多。我想成为大家都愿意找寻商量对策的领导，但太难了。

关于"商量",领导和员工的不同

在给领导做培训时,我提出这样一个问题:对于员工的问题,诸位是否曾想"在这之前就应该来找我商量",大部分领导回答了"是"。

有的员工会早早找领导商量问题的解决方法,但这种员工往往是不需要考虑的优秀员工。大多数领导苦恼的是,希望能来找自己商量问题的员工根本不来。于是,我就换了个问题:**大家能暴露自己的不足,尽快去找领导商量吗?**

这时,大部分领导意识到自己也做不到及时找自己的领导商量问题的解决办法。关于"商量",领导和员工的表现不同是根深蒂固的问题。

6种"难以商量的气场"

遇到问题员工迟迟不找领导商量的理由可以分为以下

第1章
关心员工

6大类：

（1）试图找过，但领导总是很忙。

（2）之前与领导商量的时候，领导反应冷淡，一直盯着电脑，头也不抬，小声问"什么"。这让人很受打击，没办法再去找领导商量。

（3）领导会不会想，"这个员工不怎么样。真没用"，害怕领导对自己的评价降低。

（4）和领导对话本身就是一种压力。要是被训斥，就更难说出口。

（5）努力想要自己挽回局面，抑或是自己独自承担，太过深究时为时已晚。

（6）领导自己总认为"领导必须优秀"，很努力工作，员工也能感受到。因此，就更难暴露自己的不足了。

怎么样，有头绪了吗？

看了这些事例，应该了解了吧，如果领导散发着"难以商量的气场"，部下就很少来找他商量。

怎样才能削弱这种"难以商量的气场"呢？

"如实"接受

如上述6种类型所描述的一样,散发着"难以商量的气场"的原因之一在于,领导自身摆出"必须优秀"的架势,总是一幅"厉害的领导"的样子。因此,员工会想,"暴露出自己的不中用,就会被领导认为无用""自己也不想暴露自己的不足"。

另外,"领导自己也做不到及时找上级领导商量"的原因也是一样的。

认识陷于苦恼中的自己,尽力做到最好,这在心理学中被称为"自我接纳"。对别人好的一面和不好的一面都接受,认识到"这样就好",这在心理学中被称为"接纳别人"。

无论好坏,如实地接受,心胸自然开阔,能够"自我接纳",也就能"接纳别人"。如果能够"接纳别人",对别人的怒气也会缓和,"难以商量的气场"也会慢慢变弱。

第1章
关心员工

扮演"喜欢商量的领导"

虽然说起来容易,但要做到"自我接纳"和"接纳别人",需要很长时间。这里介绍一些能够快速削弱"难以商量的气场"的方法。

这些方法会让员工觉得"这个领导最喜欢员工来找他商量"。当员工鼓起勇气来找你商量的时候,试着像会见"客人"那样,开朗、热情地接待。

"感谢你能来,我很开心。请坐。喝茶还是喝咖啡?"

我以前试着对员工笑脸相迎,认真听他们说话。听完员工的话后,再说出自己的意见。

员工起初还感到惊愕,随后他就会认为:这个领导就想员工来找他商量事情。

刚开始即使热情过头了,也没关系。因为,我们的目的就是让大家认为这位领导最喜欢员工找他商量事情。

不擅长社交的人,只要停下手头工作,面对员工,再说上一句"很感谢你能来找我",就很有效果。

当你去找领导商量事情时,听到对方说"很感谢你能来找我",一下子就松了口气吧？

再者说，既然是商量，没必要费力"给出正确答案"，只需要一起思考就可以了。这样做会帮助员工想出办法且自己解决，也有助于他们成长。

认识自己，也认识别人。领导应让员工觉得"自己非常喜欢他们来找自己商量事情"。若像这样工作，来找领导商量事情的员工会不知不觉地增加。

有些员工有责任感,每天都在成长,

也有些员工没有长远考虑,只完成当日的工作。

公司领导应该怎样引导他们?

完成交代的工作这种"责任感"要认可

"员工只做我交代的工作。""员工只忙眼前的工作，我看不到他对未来的考虑。"经常会有公司领导来咨询这种问题。

每次被问到，我都会回答："能完成领导交代的工作，就是有责任感的优秀员工啊！"

除了日常工作，还要考虑将来，这其实是非常有难度的工作方式。

作为公司领导的你会怎样做？难道不是和员工一样，全力完成眼前的工作吗？

连领导自己都无法做到的有难度的事情，就不要要求员工也去做。如果对员工有所期待，需要领导自己率先宣告：今后我们的公司、团队要怎么发展；我要成为什么样的领导；为了达到预期目标，我们需要怎么努力。

我把这些话语称为领导宣言。

第1章
关心员工

领导自己要表现出"成长意愿"

所谓的领导宣言,是要把"领导自身"和"团队"进行的改革和目标总结成书面文件。

比如,某公司的部门主管就任后,就"领导形象"做了这样的宣言。

目标形象

团队员工都坚信"一旦有机会,业绩一定会增长",我要打造一支为打赢市场战而切实努力的队伍。要提升自我管理和组织管理方面的能力。

行动计划

(1)为了促进团队成员的成长,每月进行一次面谈,确认每个人的进步。

(2)为了帮助大家成长,不只发号施令,自己带头参与到具体的活动中,给员工们做出示范。对于做不到的员工,决不妥协,陪他们一起完成。

虽然做法直截了当,也没有整理成文章,但重要的是,领导**率先示范了如何向着目标努力**。

刚开始也许有员工冷眼旁观。但如果领导一直示范如何向着目标形象努力，就会有越来越多的员工能体会到领导的真心和决心，自己也愿意努力。

领导需要自己在前面表现出"成长意愿"，给员工制造"我想变成那样"的契机。

对于"宽松世代",领导很苦恼。

他们给人以没精神、没兴趣、不会被感动的

印象。请指出领导他们的关键。

说一说最近令你感动的事情

没精神、没兴趣、不会被感动,这也不光是说"宽松世代⊖"。

对于那些感叹"最近的年轻人没精神、没兴趣、不会被感动"的领导们,我曾经问他们最近对什么事情比较感兴趣,又是什么事情令他们感动,而他们也回答不上来。

接着再问到他们的梦想时,他们会看向远方,陷入沉默。

大家的梦想是什么?能马上回答出来吗?

那么,人们究竟为什么会变得"没精神、没兴趣、不会被感动"呢?在商务学校的宿舍联欢会上,一位制药公司的经理给了我启发。

这位经理拜托5位员工完成一份简单工作。即便是相同的工作,大家的做法还是有细小的区别。发现区别后,这位经理试着问他们为什么用这种方法做。被问到的员工看上去很高兴,他还告诉这位经理他高兴是因为经理能注意到这些细节。

⊖ 宽松世代指1987年以后出生的人,是日本人以"重视人性教育"为教育理念培养出来的一代人。

第1章
关心员工

他说的这些话令这位经理无法忘记。

人们都强烈地希望得到他人的认可。

就算自己努力也没人发现、没人称赞、没人感谢，感受不到被人信赖，也没人问自己的想法，像机器人那样，冷冰冰地完成领导交代的工作。日积月累，人们不就变得"没精神、没兴趣、不会被感动"了吗？

"成长的契机"由领导来制造

有这样一个事例，自从员工谈了自己的喜好后，工作效率竟然发生了很大变化。某营业厅里，有员工工作没干劲。负责人认为"也许他不行"，一直持有半放弃的态度。意外的是，这个负责人知道了那个员工喜欢恐龙，跑业务回来的路上两个人就聊起了恐龙。员工一下就变得健谈了，讲着他去美国某恐龙博物馆时的感动、远古时代的浪漫。第一次看到这位员工开心的样子，这个负责人的心情也明朗了。他跟员工说："恐龙的世界真有趣，以后多跟我讲讲。"

这次聊天后，员工的工作状态逐渐改变，和这个负责人之间的交流更活跃，还积极表态"我想试试这份工作"。

人不会彻底变得"没精神、没兴趣、不会被感动"。领导的一句话就可能改变员工，去寻找那个契机吧！

05

容易对员工进行比较。

如何平等对待他们?

可以对员工进行比较，问题是"比较方法"

每个员工的工作量和工作内容都不一样。领导评价员工时，必须进行对比，分优劣。**给全员相同的评价不符合常理**，倒不如对员工进行比较，这样做没问题。

问题是"比较方法"的选择。

自然，不能以领导喜欢的性格、相貌等比较优劣。比较的标准应该是工作情况。工作方面是否能达到要求是公司里唯一公平的比较标准。领导应该按照工作情况进行严格评价。

某保安公司的人事考核分为"SS""S""A""B""C"共5个等级。不过实际上，只要不犯原则性错误，就没有员工会得"C"。但绝不是因为所有人都能得到较为宽松的考核，员工们的积极性才高。

公司负责人对那些没有完成本职工作员工的工作情况假装不知道，没有严格地指出问题，考核标准宽松而已。但这样就导致完成本职工作的员工也没有工作热情。**努力或者不努力，考核结果都没有太大差别，员工们**在单位努力工作的热情就渐渐消失了。

第1章
关心员工

"严格的考核"才能带来进步

这个时候,保安公司调来了一位新的负责人。

他以是否能完成本职工作为评价标准,对员工按照"SS""S""A""B""C"5个等级进行严格的考核。

另外,他每天来回走动,不分正式员工还是派遣员工,向所有人问候。无论前来请教的人是谁,他总是认真倾听,如果对方有烦恼,他会一视同仁,热情相助。

2年后,这家公司怎么样了?

无论多么严苛的审查,都看不到考核为"B"和"C"等级的人,员工们都踏实工作。

因为给出了严格的考核,考核结果好的员工会想着今后还要努力,考核结果不好的员工会想着改进自己的不足,如果好好努力,也能得到好的评价。所有员工的积极性得以调动,考核结果差的员工也开始掌握工作所需的必要技能。

不能用领导的好恶、投缘与否这些偏颇的视点对员工进行比较,要以工作情况为标准进行考核。

以实际工作情况为基础，进行公平的考核，同时作为同事，对待大家一视同仁，平等地打招呼、说话。

请公平、严格地对员工进行比较，那是你作为领导的最重要的工作。

06

有些员工令人苦恼。每个人都有自己的好恶，这个很难改变。请教一下，如何发现"与自己合不来的人的优点"？

谁都会遇到与自己性格合不来的人。积极寻找他们优势的你，是一位好领导。

只不过，希望大家回想一下。

大家与"合得来的员工""合不来的员工"打交道的次数相同吗？

与合得来的员工频繁交流，却回避与合不来的员工的会面。

大家会这样做吗？

"接触次数"不会有差异吧？

某广告公司的部门主管，在管理人员培训中学到：培养员工，就要发挥他的优势。

可是，这个部门主管在实践中发现，他对有些员工的优点是了解的，对有些员工的优点却不了解。

而他不了解的员工，恰好与他合不来。部门主管把"合得来""合不来"和"能培养""不能培养"直接联系起来，对此我很惊讶。

第1章
关心员工

对员工的优点不了解,其原因非常明了,是因为接触少。

增加与"合不来的员工"的接触

这个部门主管所在的公司要求每月至少和员工跑一次业务,作为对员工的培养计划。他查看自己的出行记录后发现,与合得来的员工每月同行五六次,但是与合不来的员工每月像是例行公事一样,仅同行一次。

此外,这个部门主管在对与其合得来的员工的观察记录里写着"和甲方的关系强化做得好""很擅长引导对方说出自己的需求",**但是,对合不来的员工的观察记录是空白的。平时不关心、不注意他们,**所以自然无法了解他们的优点。

这个部门主管决定重新来过,与所有员工一起外出跑业务的次数一样。

并且,他决定与合不来的员工外出跑业务时,**要比之前更注意观察他们,做好记录。**

刚开始,与合不来的员工一起外出时,这个部门主管总觉得不顺利，后来，慢慢可以与他们进行必要的交流。这个部门主管逐渐开始发现他们的优点，并努力使其在工作中得以发挥。

　　首先，领导应增加与合不来的员工的接触。先从这里开始，怎么样？

07

领导员工的时候，很容易给出否定的评价。

有不否定员工的秘诀吗？

否定也是没办法的

所谓的领导是指修正员工所做的工作，并引导其向正确方向努力，所以上司很容易否定员工。领导应该掌握的要领并不在于"不否定对方"，而在于"恰当地否定"。

恰当地进行否定的要领是根据事实依据表达自己的想法。

不说"你不行"，而是说："我知道你很努力地向对方提建议，但以旁观者身份来听，你的提议只考虑公司方面，完全没听对方的需求。首先，应该听对方的需求，试着配合对方的需求给出建议。"领导应该摆出具体"事实"，让员工改进。

究竟是什么缘故导致自己的工作没办法顺利进行下去？明白了这个问题的答案后，员工也就很容易去接受改进意见。

员工犯了简单的是非错误，就容易改进。然而，工作很复杂，在多数情况下，员工自有其想法。

第1章
关心员工

员工坚持"自己没错"

为了确保竞争优势，某制药公司出台了一项规定：对于月销售额超过300万日元的药店，每月要拜访客户8次。好多员工都遵守这一规定，但有位员工每月只拜访客户4次。

在这里，如果不容分说地斥责这个员工，他可能会很郁闷。首先，应该**确认事实**，问他每月只拜访客户4次的原因。

员工回答道："如果只注重'8次'这一数字，我也能做到。但那样做只是为了遵守公司规定而已，我的目标是更有效地销售产品。我不仅向客户推荐新商品，还对购入的所有商品进行销量确认，同时当场更换销量少的商品，提出新的方案。如果我下次带去新产品，这样访问次数是增加了一次。但是，这样会使那个商品损失1周的销售机会。所以，我会重新调整方案，从对方那里得到满意的回复，带着推荐的商品去走访，做好准备随时补货。恕我直言，我拜访一次能完成多次拜访客户的工作内容。从销售的效果来看，我每月拜访客户4次所做的工作量与别人拜访8次的工作量相同。"

员工给出了解释，根据事实，他的确每个月只拜访客户4

次，但也有他自己的合理原因。

上司接受了这个理由，决定认可这个员工以后每月4次的客户访问次数。

综合事实依据，可以不用与员工针锋相对，就能解决问题、**灵活应对**。

不要做"信鸽"

中层领导不是只做"信鸽"，把上层领导下达的目标传达给员工。如果中层领导只喊着"完成每月拜访客户8次"的目标，就会毁掉一个用自己的头脑思考，为了更有效地满足客户需求而努力的优秀员工。

中层领导首先**需要理解**"每月拜访客户8次"这一目标背后**上层领导的意图**，确认"每月拜访客户8次"的原因。如果不了解，员工问"每月拜访客户4次也可以吗"的时候，就没办法进行对等讨论了。

同时，对员工来说，不能让他说句"我做不到每月拜访

第 1 章
关心员工

客户8次"就不再深究原因，领导需要让他以事实依据来说明为什么做不到每月拜访客户8次。员工有责任解释这个问题。

这里要加强讨论，即使有其他员工的反对声，说有员工每月只拜访客户4次是在偷懒，领导也不能上当，要好好应对。

领导此时可以说："那个员工虽然每月只拜访客户4次，但他每次拜访的时间是别人的3～4倍。如果大家也可以用那个时间做相同效果的销售，就请选择这种拜访次数少的方式。"这样给了员工选择不同工作方式的余地，员工能够选择自己认可的工作方式来工作。

可以提高工作的自由度

如果以事实依据综合考虑，或许有人觉得死板。但像上文的例子那样，这种方法可以提高员工工作的自由度。

综合考虑，下次对这个员工以"每月拜访客户4次"作为设定目标的依据。领导不用每次都这样与员工讨论拜访客户次数的问题，可以把讨论时间用于工作。

08

关于领导被动型员工的方法，我尝试了很多，但他们还是只做我交代的工作。

第1章
关心员工

在修整院子时发现的
培养员工的秘诀

我至今无法忘记十几年前朋友给我讲的故事。

他讲的故事是关于如何让讨厌修整院子的儿子帮忙修整院子，我在故事中发现了工作中也能用到的培养员工的秘诀。

我的朋友为了让儿子帮他修整院子，精心计划，对儿子说："如果院子里的树木不尽快喷药，就会长虫子。如果你被虫子叮咬，就会长疹子。我想避免这些状况发生，爸爸给那棵高的树喷药，这两棵矮的树就拜托你了。你哪个周末有时间？我会提前准备好消毒液和手套等所需物品。"

于是，喷药工作顺利完成，我的朋友向他的儿子表示感谢。

"谢谢！爸爸一个人喷药很困难，有你的帮忙，我真是轻松了不少。这是对你的奖励，去买自己喜欢的东西吧！"说完，他递给他的儿子3000日元以示感谢。

这一系列的交谈中，包括了以下5个步骤：

（1）告知行动的理由。

（2）分派任务。

（3）为任务做准备。

（4）等待对方方便的时间。

（5）表达感谢，期待下次合作，并给予报酬。

"为什么总是不帮忙？""帮一下忙！"这样说就很难调动对方的主观能动性，对方也只能勉为其难、不得不做。但按照上文的5个步骤，我朋友的儿子会认为给矮的树喷药是自己的工作，就有了使命感。

工作也一样，员工不会在领导一发声时，就自觉行动起来。

领导总是问"怎么不动？"，员工虽说不情愿，可能也会开始行动。但那终归是"交代了才行动"，不是"自己行动"。因此，下次再给员工新的工作，领导还要不停地过问，这样就导致恶性循环。

即使领导交代了任务，能让员工自愿开始行动并不简单，领导要想办法让员工觉得任务是"自己的事"，主动去干。

第1章 关心员工

某饮料投资公司的"攻防战"

某饮料投资公司的领导多次提醒员工"把自动售货机清理干净,要时常保持自动售货机清洁",可依然是白费力气,员工照样偷懒不打扫。即使领导去找员工确认是否清理了自动售货机,员工也会含糊地说"做了"。

如果领导追问为什么某处看起来很脏,员工也会闪烁其词地搪塞领导的质问。

外出跑销售前,不打扫自动售货机的员工帮忙整理销售车,领导问他自动售货机的清洁剂在哪里。这位员工已经好几年没有清理过自动售货机,他慌张地去找清洁剂,终于在销售车的后备厢里面找到了,可是清洁剂的瓶子却是空的。

领导没有训斥这个员工,一直盯着那个瓶子看,员工说了句领导一眼就能看穿的谎言后,装满了清洁剂。

故事到这里还没有结束。员工只是装满了清洁剂,并没有清理自动售货机。当然,领导也看出来了。第二天,领导搞了突击检查,发现清洁剂一滴都没少。他又盯着瓶子,然后看向员工，没有训斥员工，只是盯着瓶子。员工终于意识到了领导在意的问题，最终他开始清理自动售货机。

偶尔"耍心眼"也能让员工工作

领导表扬了迈出重要一步的员工，"你能主动去清理自动售货机，真棒。"的确，领导并没有直说让员工去清理自动售货机，只是**逼得他"不得不主动去清理"**。不过，自己的行为被表扬后，员工也会开心吧。从这之后，那位员工就养成了清理自动售货机的习惯。

就算领导催促多次，员工也不会自愿去做。请用你自己的"心眼"来激发员工的主观能动性。

09

希望员工能体会到充实，我经常问他们"你打算怎么做？你希望我做什么"，然而往往听不到员工的回答。

特意换成"一般的说法"

领导问"你们希望我做什么"时，员工很难回答吧。"我们期待你这样做，可你做不到，所以我们很难工作。"没有哪个员工会这样指责领导。

要想知道员工渴望的领导类型和工作方式，领导需要先改变说话方式，试着用"一般的说法"问员工。

不是问员工"你们希望我做什么"，而是**以"一个领导者必备的品质"为主题，创造一个讨论的环境（即讨论会）**。

在本章第3节中，我向大家介绍了"领导宣言"。这是成为领导的人对员工发表的宣言，其内容包括：今后我们的公司、团队要怎么发展；我要成为什么样的领导；为了达到预期目标，我们需要怎么努力。

这个讨论会可以说是"考虑未来的领导宣言"。将来，领导应怎样领导团队，为此，需要掌握什么样的技能，应该具有什么样的形象。希望大家能就此自由发表自己的想法。

于是，不可思议的是，员工说了如果自己是领导会怎样做，并给出很多公司发展的建议。员工并没有说出现在的领导是什么样的。虽然没说，但领导听出来了很多自己的不足和大家真诚的建议。

旁听"部门主管培训会"的总监失落的理由

我作为讲师参观某公司，在会议室举办了部门主管培训会，有时总监会来。总监会像来参观教学的家长一样，神情慢慢变得忧郁起来。

因为，"想成为一个不会朝令夕改的总监""想成为一个真心替员工出主意的总监"，总监每次听到部门主管们这样谈自己的理想时，都深切感受到自己可能是个朝令夕改的总监，现在也没有真心帮员工出主意。

部门主管培训会结束后，最真挚地对我说"学到好多"的人是来旁听的总监。

以此类推，在领导和员工的关系中可以试试"考虑未来的领导宣言"这个办法。

领导了解了员工对自己的要求，就能回应他们的想法，自然就形成了"方便员工工作的环境"。

10

关于调动年轻员工的积极性，

我有些问题。我不知道他们在想些什么。

怎样做才能调动他们的积极性？

一位精神科医生告诉我：人的情绪很难把握，了解别人的情绪是维护人际关系的秘诀。

公司是一群成长环境、年龄、脾气、性格都不同的人为了"追求利润"这一共同目标聚在一起的地方。这里有上下级关系，所以很难看清彼此的心意，这也没办法。

一位在电机制造厂工作的擅长调节员工情绪的部门主管说了下面这些话。

"即使是在我的提示下，员工有了新的创意，也要把创意当成他的点子。这时再启发他怎么把这些想法付诸实践，他会欢欣鼓舞地思考如何实际操作。比起接受指示，人们在自己的点子上会更加努力。"

这正是提高年轻人积极性的秘诀。领导给员工提示，**哪怕只有3%是员工补充修改的，也要把它当作员工的主意**。如此一来，员工认为这是我自己想出来的，所以我要实现它，工作也有了积极性。

第1章
关心员工

领导只提供"契机"即可

某饮品自动售货机销售公司的一位年轻销售员最近很苦恼。为了将公司的自动售货机安装在私人店铺里，他拜访了店主50多次，经过多次商谈，店主仍然不同意在店里安放自动售货机。

那家店主是个倔强老人。无论怎么劝说，他只坚持一点：我还不打算靠机器卖货。最后，这位销售员对领导哭诉，他拜托领导同行，再去拜访一次店主。销售员再次劝说店主，但店主却冷淡回绝。

这时，领导说："老板，这个自动售货机不是'机器'。您的店铺关门后，它可以帮助您满足重要客人的需求，他是'您的分身'。"

店主沉默了。这位销售员接着领导的话说："是呀，他是您的'分身'。雨后的上午，我们会一边对它说'很冷吧？这么努力，太感谢了'，一边擦拭和维护它。"

"是啊，它可以代替我为重要的客人服务，是我的分身。"说完这个，店主看他们的眼神也温和了。那天他们终于与店主签订了自动售货机安放协议。

在回公司的路上，领导表扬了这位销售员："'雨后的上午，一边擦拭自动售货机，一边对它说话。'这句话说得真好，听了这个以后店主的反应一下就变了。"

销售员很吃惊，他回答："不，那不是领导您说出来的吗？我只是接您的话而已。"

"不过店主眼神变得温和，的确是在听了你的话后，他感受到了你的热情。"这位销售员想起了这3年劝说店主的经历，流下了热泪。

请做一名可以制造"契机"，鼓舞员工士气的领导吧！你的一句话，就能让员工拥有"这是我做成的"这种成就感。

11

只看到员工不好的一面,

不由得就指出来。请指导如何发现员工

值得表扬的一面和如何自然地表达。

着眼于"人性",而非"工作"

希望员工"早日成长"的愿望越强烈,领导就越在意员工不好的一面。

即使我建议领导们把已掌握的指出员工缺点的"减分方法"换成赞赏员工优点的"加分方法",也很难执行吧。

那么,想问一下领导们是怎么表扬员工的?

某销售主管对我说:"表扬员工很难,所以我很努力地在发掘员工的优点。"销售主管干劲十足,即使讨厌员工,还努力想找到他性格中的优势,于是拼命观察员工,这真的很痛苦。

我介绍一下容易发现员工值得表扬的地方的方法。

那就是着眼于"人性",而不是"工作"。

"原来你每天会比规定时间早10分钟上班。""从公司走之前,你都会把工位整理干净。""你刚才捡起了掉在地板上的垃圾。"这些说话方式都可以用来表扬员工。如果着眼于员工的品行,一定能发现员工值得被表扬的地方。

如果领导眼里看到的都是员工的缺点时,想必是因为这个员工的业绩不达标、策划书里有好多错误、给客户的销售方案也不尽如人意等,这种情况下,领导**硬是联系到"工作"方**

第1章
关心员工

面，即使想要找出员工的优点，也会让员工觉得心虚。如果是这样，就需要领导脱离"工作"，围绕"人"的品行来表扬员工。

"适时"且"基于事实"表扬员工

有时候，领导不用直接对想要表扬的员工的行为进行观察，可以从别的员工那里听到他做的好事。

"谁都没注意到接待室的钟表慢了，那个人发现后更换了电池。""办公室突然来了一只大蜘蛛，那个人把它赶出去了。"

听到这些事，领导表扬员工的机会就来了。领导要立即去表扬做了好事的员工。

表扬的诀窍在于"适时"且"基于事实"。

所谓"适时"，是指领导看见员工做好事的那一瞬间，以及领导听到后马上去表扬员工。"2周前，谢谢你捡起了掉在地板上的垃圾。"这么说就晚了。"有员工夸你上周更换了接待室钟表的电池。"这么说也晚了。

员工做了好事的时候，领导要立即为此表扬员工。一直这样做，领导就会养成夸奖员工的习惯。

12

站在部门主管的立场上，

对员工的工作能把握到什么程度？

第1章
关心员工

大家应该具有"危机管理"和"人才管理"这两种意识。

用"危机管理"的观点管控

首先,我们从"危机管理"的观点出发。

"危机管理"中重要的是"分类"。最初,领导要区分"可以放手不管的员工"和"放手不管就会产生失误的员工",在此基础上,再把"放手不管就会产生失误的员工"的工作分为"放手不管就会有小损失的工作"和"放手不管就会带来致命伤的工作"。

只要好好把握"放手不管就会产生失误的员工"负责的"放手不管就会带来致命伤的工作"即可。

所谓"致命伤",是指员工所做的工作会导致公司失去重要客户的行为。具体来说,延期交货、退回已经接受的工作等都符合"致命伤"的定义。

那些"放手不管就会产生失误的员工"就像大家所想的一样,经常提不上去业绩。那样的员工为了当场就能获得订单，常常不假思索地接受客户的要求。在不向公司确认交货时间、预算等问题就欣然应允客户要求的情况下，达成协议后，被开发部门怒斥交货期限太近，即使大家都有不满的情绪，但因为已经跟客户签约了，为了赶工，所有人都必须投入这个工作中。因此，别说靠这个项目赚钱，因为这个项目而耽误了其他工作，对公司来说简直是巨大的亏损。而且，不出所料，赶不上交货期限，最后公司要跟客户道歉。这样一来，客户关系、公司内部关系都破裂了。

领导的作用就是风险对冲，不能使公司陷入那样的情况。

"小损失"是成长的需要，若身负"致命伤"，危及公司的发展，又谈何成长？

团队中有导致"致命伤"风险的工作吗？别躲开，亲自管理，教给员工"不负伤的秘诀"。

用"人才管理"的观点管控

接着，我们从"人才管理"的观点来看。

第1章
关心员工

年初公司确定目标时，应该着重谈一下为了完成目标，需要解决上一年度的哪些问题及本年度重点发展什么。

领导用"人才管理"的观点把握的正是每年公司发展的重点。如果能把控好这个重点，公司的运营就不会有太大的偏差。

领导按下面的格式提前总结，就会很容易整理出"人才管理"的框架。

（1）想促进发展的员工名字。

（2）本年度希望员工投入精力完成的事情。

（3）关于（2），把可以做到的事情、做不到的事情和已经掌握的事情记录下来。

能整理好这些信息的领导，在员工没有想象中那样努力的时候，可以适时与员工进行有效的交流。

在"危机管理"和"人才管理"两个方面，把控好必须守住的底线不出差错，领导的负担立马就能减少很多。

13

有很多年轻员工只强调眼前的成绩，想要掩盖失败。如何改变他们？

第1章 关心员工

注重员工取得令人满意的成绩的过程

员工被公司、领导要求"做出成绩"。

作为领导，想必你也一样吧。想强调自己努力做出的成绩是人之常情；失败了，就想逃避也是人之常情。

员工取得了令人满意的成绩，兴高采烈地与领导分享喜悦时，领导不要冷待他，应该和他一起享受喜悦，发自内心地夸赞他。接着，领导可以**"采访"一下员工，问他通过什么样的工作方式取得了令人满意的成绩。**

"真厉害，你是怎样取得令人满意的成绩的？并非是没有辛苦、没有失败，很容易就取得这个成绩的吧？请告诉我们哪些方面辛苦，哪些方面费功夫，不仅是结果，我想了解你取得这一成绩的过程。年终总结时，我想给出最高评价。"

如果领导这样问，员工会很乐意与大家分享工作方法，干劲儿也会更大。对员工来说，这也是他再次确认自己成功的过程。即使员工并没有梳理他成功的过程，无法顺利分享，那也是让他再一次思考"成功过程"的机会。

"成功者访谈"是培养员工的重要途径之一。

赞赏失败的员工的"挑战精神"

另一方面，若员工失败了会被领导斥责，也对员工的业绩考核有影响。想要逃避失败也是人之常情，没什么不能理解的。

只不过，如果员工想要逃避失败，就无法快速给出挽回局面的办法。创建一个可以如实汇报失败的氛围是领导们共同的理想。

那么，领导下次可以大胆地去做"失败者访谈"。

对于那些如实汇报失败的员工，我们要表示敬意，**希望他们能告诉我们失败背后隐藏的挑战**。

我认为，所谓的不会失败的人是只做绝对成功的、没有困难事情的人。但是，如果领导对现状紧抓不放，企业就无法存活。"同行的其他公司会出新产品，所以我认为这次你的挑战是有意义的。你能否告诉我们，挑战背后你付出了什么，看到结果后还要学习什么，下次你还要尝试什么。"像这样，领导可以让员工讲一讲他们的失败，渐渐就形成了"失败不丢人"的氛围。

第2章 提升自我

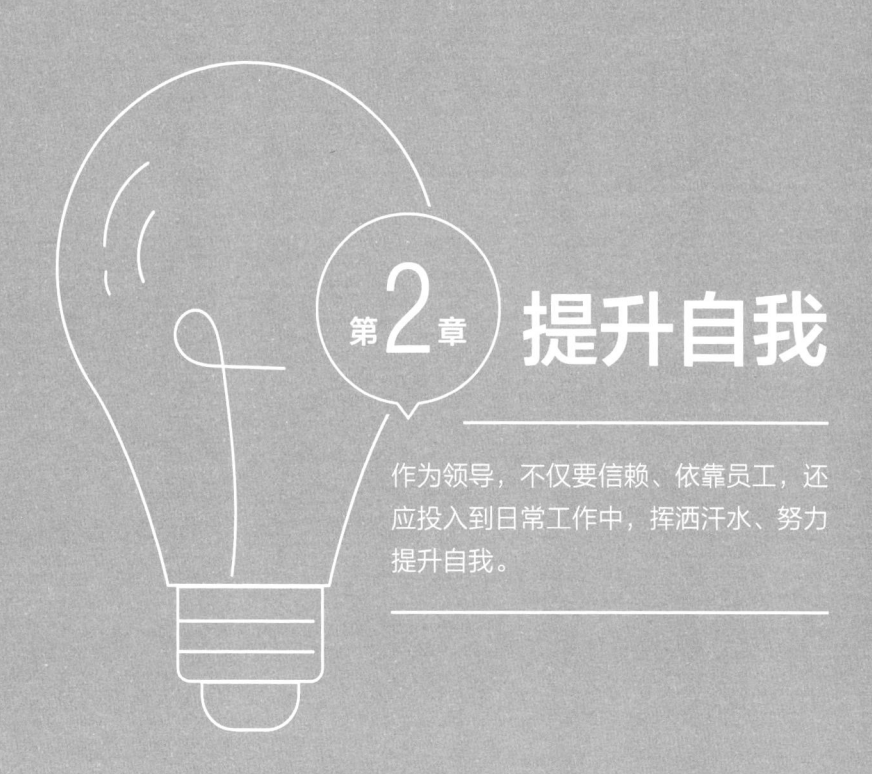

作为领导,不仅要信赖、依靠员工,还应投入到日常工作中,挥洒汗水、努力提升自我。

14

我不擅长训斥别人。

我本人也讨厌被训斥，工作的时候

也"不希望被训斥"。怎么办才好？

第 2 章
提升自我

"不会训斥别人，就不适合做领导"，这种说法不对，不如说喜欢教训别人的人需要特别注意。

某企业聘我为讲师，召集全国各地的分店店长举办领导培训会。

培训会刚开始，董事长站在讲台上说明培训的目的，他看见坐在前排的四国岛⊖分店店长后，勃然大怒。

这位董事长开始教训四国岛的分店店长："你4个月前犯了大错，应该被我训斥过，可你前几天又犯了同样的错。你究竟在想什么？"

董事长的斥责持续了10分钟。其间，四国岛的分店店长一句话也没说。

董事长讲话后，培训开始。然而，在同事面前被痛加训斥的四国岛分店店长一直低头沉默。我一边关注他，一边继续培训。终于到了休息时间，四国岛分店店长被其他分店店长们安慰着，慢吞吞地讲起话来："反复失误的确不对。但是我们分店人员被消减，业务量却增加，全体员工节假日也不休息，而且每天加班到很晚，已经到极限了。我原本想着这次培训能

⊖ 位于日本本州西南部，与本州岛之间以濑户内海相隔。

见到董事长，借此机会直接向他诉苦，为了防止失误，希望能给出根本的解决办法。正要找机会的时候，被他气势汹汹地训斥后，我连跟他说话的勇气都没了。没办法跟他诉苦，我觉得对不起自己的员工。"

四国岛的分店店长流泪讲完后，周围听他讲话的分店店长也流下了眼泪。随后，他们也开始讨论："实际上，我们分店也是同样的情况。不知什么时候也会发生和你们店同样的失误。"

董事长的训斥打击了分店店长们的积极性，甚至失去了发现全国分店都存在的重大问题的机会，况且董事长目前还没有掌握这一问题。

举出员工的过失，让他说"对不起"很简单，但那不是领导的工作。领导应该考虑的是给出办法让这种过失不会再三发生。

为此，领导需要掌握"看得见的问题"背后"还未暴露出来的根本问题"。

拿刚才的例子来说，"还未暴露出来的根本问题"就是：人员被消减，业务量却增加；全体员工节假日也不休息，而且每天加班到很晚，已经到极限了；别的分店也存在同样的情况。

不擅长教训人的领导该怎么做？

不擅长教训人的领导具有细致推敲出"根本问题"的资质，因为这些问题还未成为"显现的事实"。

比如，某店将卖不动的商品摆放在店铺前面，如果是喜欢教训人的领导看到这番景象，会冲动地说："卖不动的商品不要摆放在店铺前面，说多少次了还不懂！"

不过，如果是不擅长教训人的领导，会冷静地问："卖不动的商品为什么还放在店铺前面？"这样的领导应该能从中查证到"根本问题"——未和所有员工共同了解卖不动的商品是什么和卖不动的商品被摆放在店铺前的真正原因。

在产生训斥别人冲动的时候，领导应该做的是**听员工说明并弄清楚问题出在哪里**。

15

当一个温柔的领导，还是当一个可怕的领导？

我觉得可怕的领导更能让人进步。

我的想法是不是过时了？

第 2 章
提升自我

"领导可怕，员工才会进步。"很遗憾，这是错觉。

领导训斥员工的时候，员工肯定会说："对不起。我会努力的。"员工"暂时"会改正错误，所以领导会误以为"可怕的领导能纠正员工的缺点，让员工进步"。

但现实中，在这样的领导手下工作，员工不会进步。员工的悔过是"暂时"的，过段时间一定会继续犯错。员工再被领导训斥，还会"暂时"悔过。也就是说，领导和员工会一直在同一个地方兜圈子。

反之，领导温柔，员工会进步吗？未必如此。员工连续五六年都未达成目标，领导还温和地安慰他："没关系，没关系。"如果是这样的情况，领导就很难对员工说他需要进步。

年中严格考核员工的领导才能让员工信服

某房产公司的部门主管会按"事实依据"严格考核。部门主管根据年初面谈时与员工商量的年度目标，确认项目推进是否顺利，如果不顺利，是什么导致项目不顺利，接下来该怎么做。

年中领导还要确认员工是否真的在做他答应"要做"的事。

客观来看，可以说他是一个细心、严格的领导。对领导解释、隐瞒都没用，员工也许会觉得领导可怕。年末座谈就验证了领导这样做的好处。员工们在自我评价中给自己5个等级中不好的等级，那是因为大家觉得年中自己被领导细致地指出的问题，一定是自己没有做好该做的事。

然而，与员工们的自我评价相反，领导给的考核结果是中等偏上的等级。员工们都很惊讶。

领导对员工说："年中对你们严格、细致地要求，是为了不让大家在年末考核中拿到不好的评价，大家都给出了很好的解决方案。"

为了让员工完成自己设定的目标，领导要展现"可怕"的一面。

但是，员工因为工作停滞前来与领导商量，或是完成目标时，领导要展现"温柔"的一面。

第 2 章
提升自我

领导适时切换、扮演着可怕和温柔的样子。

现在，日本大多数企业领导却和这位部门主管相反。

年中，无论员工做了什么都说"很好""好好加油"这样的话，一幅温柔领导的样子。年末考核时，领导画风一变，一幅可怕的表情，突然批评员工："你这个没做好，所以考核结果不好。"员工会想："如果没做好，为什么不早跟我说？"员工对领导会产生不信任的情绪。

比"年初"和"年末"更重要的是"年中"。如果只是年初确定目标，年末看是否达标的话，就不需要领导的存在。年中扮演"温柔的领导"还是"可怕的领导"，关系到员工能否进步，这点非常重要。

如何扮演"可怕的领导"

关于如何扮演"可怕的领导"，我有几点想要提醒大家。别让员工深究领导做得怎么样。

自身也有远大目标，并为之努力的领导扮演可怕的角色很有效,可自己无所事事,反而对员工严厉的领导,即使做个"可怕的领导"也只会给人"严以律人,宽以待己"的印象,从而招来员工的不满。为了让大家有效地认识到领导的"可怕",领导就必须自律,展现自己不断进步的样子。

16

作为兼任管理者太忙了，

都没有时间做公司领导者了。

领导者如何做好时间分配呢？

兼任管理者有两种。

第一种是，领导被分配了客户和业绩，自己经常在一线工作，同时扮演着管理者的角色。第二种是，领导掌管员工的客户，一般在后方待命，必要时作为"顶级销售员"前往一线。

日本企业里前者占大多数。因此，围绕前者，我们来思考一下分配时间的方法。

你没有时间的理由

比如，员工做事磨蹭，只完成了30%的目标工作。

领导和员工一同工作，确认他是怎样销售的，并指导他的工作方法。只不过，领导自己也有客户和必须完成的业绩，如果要亲自指导员工，时间就不够了。你也曾碰到过没时间指导员工的情况吧。

我们反过来思考。

领导做销售的时候，让员工同行。

第2章 提升自我

在"自己的主场"培养员工

领导带员工去销售,不占用自己的时间也能培养员工。

领导在见客户前,提前和员工商量好:"在今天的商谈中,这个地方你来做说明。"如果员工做得好,就鼓励他,让他下次在自己与客户的商谈中也这么做,让**员工"在领导的主场"体验一下小小的成功**。

如果领导跟着员工去做销售,会想因为这是**"做不出成绩的员工"**的工作,就下意识地担心员工要构筑什么样的客户关系,并且担心他有没有达到可一起同行接受指导的水平。

反之,领导已经构筑好了客户关系,也最能把握"商谈进展"。**让员工积累欠缺的经验,在不牺牲领导时间的情况下,还能促进员工进步**。占用员工的时间,可能会给他增加负担。这终究没能发挥出员工的主动性,因此对他影响不大。领导把员工带进"自己的主场"还有一个好处——在培养员工方面可以得到客户的帮助。

"后天的商谈,我可以带员工一同前往吗?我希望员工能积累商谈的经验,让员工做产品说明,如有不完善的地方随后我负责说明。在员工的说明过程中，如果您有不清楚的地方，烦请指出。"

像这样提前拜托客户，员工就可以直接接受客户的指导。比起领导的指导，客户的直接指导更有效吧！领导的时间不会被过多剥夺，就能在实战中培养员工。

17

没有年轻员工会主动说"我想成为领导",
我想可能是因为他们看着我们这些领导
忙碌的身影的缘故。我该如何做呢?

有人提出年轻人不想成为领导是因为看到领导太忙,还进行了自我分析。

领导忙于工作,却被别人想成"不想变成那样"的对象,一想到这就觉得领导很凄惨。

忙于"想做的工作"是愉悦的事情。但是忙于"必须要做的工作"是痛苦的事情。如果可以,所有人都只做"想做的工作",但既然在公司上班,无论如何"不得不做的工作"会更多。

不是你一个人承担这一切,因此,也不会忙到极致吧?

"领导就是我看到的这样",员工这么想也就不会死心。

回答3个问题

某日本企业在日本的营业点做了心理健康调查。其问题有以下3个:

(1)能与领导、同事轻松交谈吗?

(2)能与领导、同事商量工作以外的私人事情吗?

（3）工作上遇到烦恼的时候，会拜托领导、同事帮助解决吗？

在营业点A，大部分员工对所有问题都回答"不能"。厂医是这么报告现状的员工：什么时候出现心理疾病都不奇怪。

另一方面，在营业点B，大部分员工对所有问题都回答"能"。的确，营业点B气氛活跃、业绩很好。

营业点A和营业点B的工作量几乎一样，可为什么员工的精神健康和业绩会有这么大的区别？答案都在3个问题里了。

营业点A的员工无法相互交谈，大家都在"孤独"地工作，工作停滞了，也是自己一个人负责解决，所以效率低下，加班时间长。所有人都陷于"不必要的忙碌"。

另一方面，形成互助之风的营业点B，所有人都意气风发地工作，维持着好业绩。

如何消除"不必要的忙碌"？

"不必要的忙碌"是由职场上的"孤独"引起的。让职场变成这样，连自己也卷进不必要的忙碌旋涡中，这样的领导之位谁都不会憧憬。

为了消除职场的"孤独"，苦恼的时候大家互相交谈、共同参与的交流是不可或缺的。为此，领导要积极向员工公开自己的"困境"，与大家商量，要让员工觉得谁都可以说出自己的困难。

因为领导的行为，公司就有了"可交谈的氛围"。

要借助"面带笑容"和"打招呼"的力量

当你觉得"用行动改变气氛"很难时，先想想**"面带笑容"**和**"打招呼"**吧。

我在对管理者培训时见过一位"经常面带笑容"的食品制造商的分店长，他太符合"经常面带笑容"这一特点了。

无论发生什么事，这位分店店长都微笑着。我觉得不可思议，问他："你总是面带微笑，没有烦恼吗？"他仍然保持着

第 2 章
提升自我

微笑回答:"不可能没有吧。"

　　微笑具有缓和对方内心负面情绪的力量。"领导安排的工作太麻烦了,不想做。""反正完成不了目标。"即使在这种气氛的公司里,只要领导带头面带微笑,也会使员工的负面情绪得到缓和。这种方法的确有效。

　　在公司,请领导注意面带微笑。

　　还有打招呼,也不能忽视。

　　我当普通员工的时候,我比谁都注意要热情地打招呼。即使是在成为公司领导,和现如今脱离公司出来独立后,那个习惯仍然也不变。

　　"早上好。今天也是精神的周一,新的一周又能和大家一起工作很开心!"

　　我每天就是以这种情绪跟大家打招呼的。

　　老实说,可能有人觉得我是个啰唆的领导。但我自认为能给大家留下自己享受当领导、享受现在的工作的印象。

　　明天早上开始,请各位领导都试试面带笑容和精神饱满地打招呼。

18

我认为应该做一个"想要去沟通的领导"。

怎样才能获得员工的信赖呢？

第 2 章
提升自我

8成以上的领导不知道"员工的烦恼"

商务课上,我经常会提出这样的课题:员工现在在烦恼什么?请具体写出来。

几乎没人能写出来。我做讲师20年,这个问题提出过几千次,但是只有20%的人能写出来。

大家知道员工工作中的烦恼吗?

任何时代,领导都没法掌握员工所有的情况。

能快速写出来员工烦恼的领导有什么共同点?

抽出比对员工讲话时间多好几倍的时间去听员工讲话。

交谈不需要高超的技巧。**如果想要从对方那获取信任,要忍住自己说话的欲望,只需静静听对方说。**

真诚地关心员工,听对方讲他的想法、感受。

"真诚地关心"是指"集中注意力于对方关注的事情上"。看社交网络的评论区,"真诚关心他人"的人和"只想在别人的评论区将自己事情告诉别人的人"的区别显而易见。

对别人"开始养狗了"的动态发表的评论里,像"好可爱的狗!圆圆的眼睛和主人完全一样"这样真诚地关心别人的人一直提到"狗"和"主人"。反之，像"我也养了2只狗，右边是小T，左边是小L。小T很伶俐……"这样，还配上图片，发表了很长的评论的人就"只想讲自己的事"。这两种人中哪种人是"让人想多跟他聊天"的人呢？我不必多说了吧。

"真诚地关心"对方，听对方讲

某制药公司的销售员带着分店店长前往药店的区域负责人处送礼物。销售员很努力地介绍本公司商品的特点，但那个区域负责人根本不关心。跟他讲什么，区域负责人都含糊地回复，可以看出他不耐烦的态度。

于是，分店长帮他解了围。"今日拜访的同时，还来贵公司学习。请务必让我们了解贵公司最看重的是什么。"就这样，销售员从对对方讲话变成了听对方讲话。

对方负责人的表情马上变了，在那之后的2小时，一直是区域负责人在讲。他讲完后，分店长最后说道："今天收获很多，贵公司看重的事情我们也会重视，我们将尽全力配合！"

于是，对方负责人满面笑容，握手结束会面。员工看到和自己单方面说明情况时的差异，感到不知所措。

听说制药公司的分店长和员工回去后，制药公司的负责人对自己的员工不停地夸赞说："这次的那个分店真的了不起。"让我们再回顾分店长说过的两句话："今日拜访的同时，还向贵公司学习。请务必让我们了解贵公司最看重的是什么。""今天收获很多，贵公司看重的事情我们也会重视，我们将尽全力配合！"。

既然对方对自己的话不感兴趣，就来听听对方最感兴趣的话。如此可以加深彼此的信任。

如果大家想成为"想要去沟通的领导"，首先从**压制"想说话"的欲望**开始。

19

很多情况下不得不严厉斥责年长的员工，

总觉得这给平日的沟通留下了隐患。

这种时候，应该怎样表达呢？

第 2 章
提升自我

应该强硬的不是"语调"

这是我做咨询顾问的某食品厂商营业所所长所说的烦恼。年长的员工在销售日报中写着:"陈列混乱,我整理了。""店主需要新商品,下次我会带去。"这些都是被动型工作,这个员工只不过是记录"工作"而已。

领导再怎么指导年长的员工"要有目标意识,做一些更高质量的活动",日报的内容也完全没有变化。营业所所长说:"之前我觉得他年长,特别注意说话方式,也许以后不得不强硬些。"

我问这个营业所所长:"你想强硬地说什么?"

"你必须要有目标意识,做一些更高质量的活动!"

我再问:"您所说的目标意识具体指的是什么?"

这个营业所所长把他认为的"目标意识"做了如下说明:食品制造公司的重要客户是便利店,满足不同客户的需求,是他们营销活动最大的"目的"。

比如,一家便利公司重视的是"货品陈列""鲜度管理""清洁管理""亲切服务"四大原则。往大的说,根据这个做的产品策划就是"考虑顾客需求的营销活动"。

但是,同一家便利公司的所有连锁店,它的货品陈列实则各不相同,根据店长或者老板的想法会有所区别。因此,这就要求食品厂商的销售员确认每家店铺的货品陈列方针,按照那个方针做策划。

这就是营业所所长说的"目标意识"。

诚恳地提出"问题"

听完这个营业所所长的"目标意识",我问他:"你具体问过那个年长的销售员,'告诉我今天拜访的便利店的货品陈列方针和建议内容'吗?"

"没有。"所长回答。

所长发牢骚:"我说过要带有目标意识开展活动,年长的员工还是不能那样做。我下次要用更强硬的语气说'带着目标意识做'。"此时所长更是怒火中烧,所以这算不上建设性的想法。

第2章
提升自我

领导不应该"加强提醒的语气",如果希望对方有目标意识,需要设置有效的提问。

"你知道这次拜访的便利店的货品陈列方针吗?"

"不太清楚。"

"这样啊,店长是要精简售卖商品呢?还是增加陈列商品呢?根据这个,建议内容会改变。今天先把其他事放一下,首先确认销售活动根本的货品陈列方针吧!"

"我明白了。"

"您回来了!货品陈列方针怎么样?"

"店长说会根据顾客的需求陈列商品。"

"什么是符合顾客需求的商品?"

"店长说是月销售量20个以上的商品。"

"原来如此,您觉得能达到月销售20个以上的目标商品中,还有未上架的吗?"

"有3种。"

"那么,拜托对方把这3种加进他们的陈列清单中,这可能会成为提升销售额的机会。"

像这样,如果能设置有效提问,就没必要语气强硬了。

传达是"传"和"达"。只是将自己的感情直白地说出去,那么想"传"的东西会越来越难"达"。

想着"必须强硬"时就要诚恳地提出问题，促进员工进步。

这和员工年龄无关，诚恳地提出问题才是打动人的秘诀。

20

有时候必须让员工遵守公司规定，

却遭到其反抗，起了反面效果。

请教授有效的领导方式。

员工反抗的"4个原因"

让员工遵守公司规定，却遭到其反抗。各公司里都会发生类似的事。

领导应首先考虑的是"员工为什么会反抗"？

仅因为"不想遵守组织的规定"而反抗的员工很少，根据员工的"真心话"，员工反抗的原因可以分为以下4类。

（1）领导自己也不遵守组织规定、纪律。

"自己做不到的事就不要说别人。"

"不想被领导说。"

（2）平时几乎不怎么说话，领导只在自己不喜欢的事情上指使员工。

"面对面听我说。"

"按规定办。"

（3）领导突然指导之前假装没看见的事。

"如果不行，怎么不早说？"

"领导突然变得严格，是因为上层领导指示'要严格指导'。终究只是为了自保才指导的吧！"

（4）不去了解员工的情况。

"我也有很多苦衷。别不了解情况，随心所欲地指导。"

原因（4）引起的员工反抗特别多。

为了做出业绩竭尽全力的员工，有时也会违反组织规定。那个时候，如果领导不了解情况突然指导员工，就很容易招致员工的反抗。

"做不出日报的销售员"反抗的理由

某公司发生的员工反抗事件看起来非常单纯。但是，反抗的原因有很复杂的背景，是和原因（4）有关，还是和原因（1）有关？

有些销售员不会每天做日报，而是到了周末把一周的工作总结到一起。

当然，按照公司规定，日报需要每天完成。周末总结一周的工作写出的报告中，和客户之间的往来记忆已经模糊了，可能会漏掉重要的信息。

另外，每日完成销售日报，针对每一个销售员的困难，领导容易适时地给出对策。为了顺利开展销售活动，公司要求销售员必须每天提交日报。

但是个别销售员仍然坚持周末提交一周报告。营业所所长忍无可忍，终于指示他："每天完成销售日报，这是公司规定。"

这个销售员反抗了。

"比起在办公室写工作日报，我在争取更多的时间外出跑市场。销售日报这些不就是单纯的事后报告吗？当天交还是周末交不都一样吗？倒不如周末总结后提交，这更有效。"

"我不是单纯的'工作散漫'。我想抽出更多的时间在销售活动上，所以日报提交晚了。"这个销售员是这样反抗的。领导不要突然说"每天完成销售日报"，而是以确认的态度问他："你没办法每天交销售日报是有什么情况吗？"这样可以防止与员工发生冲突。

故事到这里还没有结束。

第 2 章
提升自我

领导的怠慢是原因

营业所所长对他说:"我知道了,刚才不好意思。不过,还是希望你每天提交销售日报。销售日报的作用不是报告,我通过你每日提交的销售日报,针对你的困难,适时地给出对策。"员工听了后还反抗:"但是,以前我即使在日报上写下困难,所长不是也没有做什么,连一句关心都没提过。所以,我认为销售日报就是单纯的事后报告。当天交还是周末交都一样,就决定周末交。"

没有每天提交销售日报的真正原因是营业所所长**没有采取与销售日报目的相符的行动**。

领导让员工必须遵守组织纪律、规定,这真是很难的立场。

但是领导如果能控制好员工"发生反抗的4个原因",保持自律,有效地领导员工,应该就不会引起员工的反抗了。

自己做得如何?领导抽时间慢慢自问自答吧。

21

很怕被员工投诉职权骚扰，

不知道说什么。

第 2 章
提升自我

社会舆论对于职场上的各种骚扰越苛责，公司就越会强化对策。

因此，因为担心员工投诉职权骚扰而放任不管，可以说是领导失责。

但是，不管怎么说，骚扰是以被害者主观意识为主做出的判断，经常会听到领导说："我出于好心去管，可对方认为是职权骚扰。为什么把我当成恶人？"

对于投诉者，做记录有用

某保险公司营业所所长收到公司法务部门的一个通知。

"有事情要确认。请告知您的时间。"

营业所所长正在想事情，告诉了对方他方便的时间后，当天法务部门有3人来找他。对方说："我们接到小时工的投诉，说你职权骚扰。我们来核实事实。"

完全没有印象的营业所所长很吃惊。但是，法务部门从那开始就把营业所所长当成坏人似的，展开了取证调查。

"你之前厉声斥责过员工吗？"

"那个小时工工作态度散漫，我斥责过他，不过没有情绪失控、粗暴斥责的事发生。"

"真的一次都没有吗？"

一个人反复提问，另外两个人把这些对话输入电脑记录下来。营业所所长说这真是一次荒谬绝伦的恐怖经历。

听过这个故事的其他营业所所长告诉我他们应对"申诉员工"的方法。

所谓的应对方法，是指**"发生过的对话、行为，都留下记录"**。

比如，有的员工没有拜访客户，却在日报上谎报"拜访了"。和那样的员工谈话时，领导不能厉声斥责，而是站在确认事实的立场问他："前几日，你报告拜访了客户，但客户说他有1个多月没有见你了。你记录的上周拜访过的日报内容搞错了吧？"

如果员工缄口不言，就不要追究。"今后拜访客户时，与客户交谈的内容也简单总结、记录下来吧！那样，我单独拜访客户时就不会出现说法不一致的情况。我怕忘了和大家的交谈内容，也在做记录，今天的谈话就到这吧。"领导应像这样

一边确认，一边严肃地指导，并做好记录。

今后，万一法务部门来追究责任，这个记录就能成为反驳的材料。

营业所所长成为"记录魔鬼"后，申诉员工也就意识到问题的严肃性，开始老实工作。如果不是"随意想象"，而是以"事实"为依据提问，大家会认为这个营业所所长不好糊弄。

依据事实对话并做记录。

作为培养员工最基本的"记录"，可以规避风险，以防领导被指认为职权骚扰，受到不公正的怀疑。

第3章 打造团队

不要想着"只要做出成绩就可以了",导致大家都各行其是,而应培养一个能为对方考虑、相互帮助的团队。

22

为了减少和年轻员工价值观的差异，

我一直在配合他们。这样做真的没问题吗？

第 3 章
打造团队

从某营业主管那听到类似的烦恼。

"我希望团队成员，在周围的同事忙碌的时候，能主动去帮忙；有的时候，哪怕是加班也要完成工作；建立相互协作的关系。可现在的年轻人，个人观念强，即使很忙，也讨厌加班，到点就回家。年轻人的价值观如此，也没办法。我不配合就不行。"

说完，他苦笑一下。

但是，我认为不需要觉得"没办法"就完全放弃，也**没必要接受年轻员工的价值观**。

仅"打招呼"就如此不同

我因为演讲、培训等活动，有机会走访各种企业。

不同的公司，楼道里走过的员工打招呼的方式也不同。

有的公司，从老总到年轻员工，大家都会为我让出走廊中间位置，所有人都心情愉快地打招呼。我问道："为什么所有员工都能愉快地跟我打招呼呢？"对方回答："大家商量过，决定这么做。"

另一方面，也有这样的公司，在走廊遇到，即使我跟他们打招呼，也被斜眼相待。也有公司是这样的情况，远处有3个员工并排走来，我站在走廊的角落跟他们打招呼，他们也冷淡地从我身边走过去。

不过，在这样的公司，也不是所有员工都冷淡，其中也有人心情愉快地打招呼。感觉对于访客的礼貌寒暄，完全取决于个人的价值观。

企业理念即"企业的价值观"，以此为前提做事

尊重个人的价值观非常重要。

不过，"尊重个人的价值观"与"从一开始就放弃，相互不谈价值观"有很大不同。

希望团队每天愉快地工作，就需要领导认真考虑怎样做能让所有员工愉快地工作。

比如，有的公司大门口立着大大的石碑，上面刻着"重视礼节"。这是该公司的经营理念，体现了全公司的价值观。

在具有这样价值观的企业工作，聊到员工重视的是什么这个问题的时候，就不要讨论这样的内容了——"礼节很重要""如果忙碌，可以不用打招呼"。而应该改为："为了重视礼节，我们应该怎么做。"

回到刚才的问题，为了减少和年轻员工价值观的差异，领导没必要和年轻员工一致。

领导要以自己所在**企业的经营理念和价值观为基础，把自己的价值观给员工看**。

然后，大家商量"所有人都能接受的行动"，使价值观能得到具体体现。

23

应该和员工交流,

但不能把他们当作朋友。

这个界限如何把握?

领导为了什么和员工交流

领导和员工交流不是为了关系更友好，而是为了员工能出成绩，也因此就有了"不能和员工成为朋友"这样的担心。

职场上领导与员工交流的目的在于与员工保持良性关系，**能让员工顺利工作，做出成绩**。

领导既不是为了赢得员工的喜欢，也不是为了创建愉快的职场氛围才与员工交流。弄错了这点，领导就会与员工建立起"敷衍的关系"。

我会进入各种企业里做咨询顾问，所以能看到员工对领导的反馈和评价。

如果气氛活跃，员工和领导都能高兴地工作，但所在公司业绩不佳，其反馈评价如下：

• 我们处在仅靠温柔解决不了的严峻的经营环境中，为了我们能成为团结一致、干出成绩的团队，期待出台明确的行动准则和针对员工个人情况的培养计划。

• 对于有能力却不做的员工，有时需要严格指导，或者给出建议等。

- 希望不要介意员工的情绪，好好领导。

另一方面，在工作氛围明快、充满活力，并且业绩好的公司工作，其反馈评价如下：

- 请具体告知大家，为了做出成绩，员工应该做的事情有哪些。
- 为了我们追求的成绩，一起流汗、共同努力，这期间的交流有说服力，也让人有干劲。

"应该与员工进行的交流"是指什么

上文提到的两种公司中，前者所讲的就是领导和员工沦为"应付关系"的公司。

可以说，后者是将交流作为"做出成绩的要素"，充分发挥作用的公司。

不同的是后者"交流的目的"非常明确。

领导在工作上要求员工做出成绩时，交流是为了做出成绩的前提下进行的。

第3章
打造团队

做出成绩的交流，归根结底，可集中在以下3点：

（1）确认和共享进展不顺利的原因。

（2）确认和共享进展顺利的原因。

（3）鼓励员工。

和成绩没有直接关系的交流（闲聊）是构筑人际关系的基础，非常重要，但公司经营中领导与员工不能太偏向这种方式的交流。

你平时和员工做什么样的交流？如果不知道自己的情况，应抽时间好好回顾一下。

24

老实说，没有员工来求助。

即使问他们身体怎么样，大家也只是

回答"还行"。怎么做才好？

没得到具体的回答，就具体地问

如果有人问你"身体怎么样"，你会怎么回答？对于这种模糊的问题，员工只会不经意地说"还行"。

想要得到具体的回答，就必须具体地问。

"上次的策划中，你说没能从麻烦的客户那里获得许可，为了解决他指出的问题，月底前你重做的策划感觉怎么样？"像这样具体地问："**那个麻烦解决了吗**？"

作为领导的你，不应等待员工的求助，而是需要设置问题，具体看一看员工是否处于待帮助的状态。

特别是员工经验不足时，会出现这样的状况：员工自己也不知道因何苦恼；烦恼太多无法总结；有烦恼，但不知道为什么会陷入这种境况。

即使向领导救助，也说不明白自己的情况，不仅如此，不知怎样求助这样棘手的情况我也曾遇见过。

因此，要求领导要有推敲出员工烦恼的能力。要收集"员工因何苦恼"的信息，再问他："现在还在为此苦恼吗？"

要记录员工的求助

为了让员工的求助更具体，记录很重要。接到员工求助时，要提前做好记录，何年何月何时接到什么样的求助，给了什么建议等。预先做好表格，**包含日期、求助内容、建议内容、改善措施等内容**，会更方便领导记录。

我在培训中经常会问："在什么时候从哪位员工那里接到什么样的求助，这些内容你都记得吗？"10个领导中有2个领导能记得这些内容。

我接着问："你还记得针对员工的求助，你给了什么建议？员工对你的建议有什么样的回应？"几乎没有领导记得住。

没人记得住，所以后面的那个"怎么样了"就没法确认。另一方面，如果领导能做好记录，就可以具体地问员工："两周前的星期二下午，你来找我商量的那件事怎么样了？"

对于员工求助的发掘，领导必须记录。根据记录，领导可以不断提问。如果在"事情发展到这个地步之前来找我商量，局面还能挽回一些"，领导这样与员工谈话，就可以减少让人遗憾的情况发生，也能适时给出对策。

25

没考虑与人相处的能力，仅按技能录用员工的结果是，需要相互协作的团队分崩离析。

也许在人事录用中应该重视合作性。

只让"投缘的人"聚集是不可能的

人际关系很复杂，因此，在长期相处中，人与人的关系也是不断变化的。有些人，刚见面时总吵架，可时间久了，就会相处融洽；反之亦有。

总之，可以说只让"投缘的人"聚集组成团队，在现实中是不可能的。

这样我就要求领导有管理"容易被情绪左右的员工"的能力。领导要告诉大家，我们是为了更高的目标，超越个人缘分而聚在一起的团队。管理团队是领导的任务。

员工相处不好，原因是情感。领导突然把不投缘的人聚在一起，说："我们团队的目的是什么？要达到的目标是什么？为此需要什么？大家一起谈一谈。和个人关系无关，大家都是命运共同体。"这样很难呼吁大家。领导所说的话没有问题，可是人的情感在作祟。

某农业机器制造厂商的维修部和销售部多年来持续交恶。

维修部的员工每天都对销售部的员工发牢骚："无论维修部多么忙，销售部都会客气地一个接一个给客户承诺维修。

第 3 章
打造团队

'托你们的福',这个周末我们又得加班了。"销售部的员工也对维修部的员工感慨道:"你们知道我们每天给客户道歉多少次吗?维修部总有各种理由。"

这种状况下,维修部需要销售部帮忙的时候来了。维修部的过失引发了与客户的纠纷,为了解决与客户的纠纷,维修部需要销售部的协助。

但是,合作机制无法顺利出台。因为,平日里两个部门彼此不合。销售部的员工会说:"为什么维修部那帮家伙的失误得由我们去处理?"

销售部和维修部都是为了让客户能放心使用农业作业机器,并且在换购时可以再次选择本公司的产品而设立的部门。但是,因为立场不同,两个部门没能体会对方的辛苦,在感情面上对立起来。

于是,领导要做的事情是让彼此不合的两个部门促膝交谈,就"为了客户买我们的机器,我们能做些什么"这个主题,谈谈大家共同的目的。

不投缘的两个人要成为同事并形成合作关系,重要的不是讲"道理",而是讲"感情"。

交谈中,能听到"维修部每天接这么多维修件啊""销售部每天要回应这么多客户的不满啊"等对话，如果能了解彼此的辛苦，两个部门的对立情绪也会缓和。

如果员工在情感层面上不接受对方，合作关系就不容易建立。如果员工能在**情感层面上接受对方，解决方案也能被确定**。

必须和不投缘的人组成团队时，首先，让员工相互谈一下感觉不合的原因是什么。领导从缓和员工情绪开始入手。

26

虽然积极与员工沟通，

但却怕触及个人隐私而犹豫不决。

关于这点您如何考虑?

非必要不提及

你的态度完全正确。平时，如果领导和员工有工作方面交流，就无须"加深关系"，谈及私人的事情。

如果一直以工作为主交流，其中必然会谈到"影响工作的私人的事情"。那个时候，再问员工的个人情况就好了。

如果员工突然被问"和你爱人的关系还好吧"，那么他应该会想领导为什么突然问这种事。在员工工作期间犯困的时候，领导问一句"你怎么了？是不是睡眠不足"就足够了。接下来，就可以等着员工自己吐露心声："事实上，每晚我们夫妻都吵个不停……"

不要忘了"人是不会轻易打开心扉，不停地说自己的烦恼的"这个前提。正因为倾听的人是领导，所以员工不会如实说出自己的心情，而会隐瞒自己的缺点和烦恼。

自己先讲"真心话"

很多领导想"制造和员工谈心的气氛",但是,彼此还没有信任关系的时候,即使想与员工谈心,员工也没做好心理准备。因为,员工会感觉自己的心里话被领导探查到了,像是在被监视。

那么,为什么领导要和员工"谈心"?

因为领导希望员工能多来和他交流每天工作想改善的地方、担心的地方、要求、烦恼等,不要都放在心里。

如果是这样,**领导可以先对员工说自己希望每天工作改善的地方、担心的地方、要求、烦恼**。

心理学中的"回报性原则",是指接受对方的施舍后,"想回报"的心理。想让员工对自己讲实话,领导首先要主动跟员工谈心。

我经常跟员工谈心。年轻的时候,在会议上我用严厉的口吻批评大家,让员工很丧气。经过反省,我发现一到开会,就会精神亢奋,语气也会变得强硬。

于是,会后我对自己的心腹员工说:"刚才的话,大家跟得上吧?""语调再低点就好了。"心腹对我直言不讳。他有时候会说:"那样强硬地说反倒比较好吧?"有时候会说:"上次的事情大家还在拼命地干着呢,又布置新的工作。我认为大家吃不消。"

和员工的信任关系建立后,不仅是心腹员工,和所有员工的交流次数都多了。于是,不知什么时候开始就有员工来找我谈心里话了。我很高兴在公司里形成了公开透明的氛围。

要想听真心话,首先要自己讲真心话。**如果领导只是单方面探听,会被员工敬而远之,在员工那里失去信任。**

27

为何需要互相帮助？

互助更能取得成果

如果领导能施加压力、提升每个人的技能，最后让员工以个人之力参与工作，团队总体成就更高，确实不需要互助。把每个人的办公桌分区隔开，重视每个人的成绩，让犯错误的人辞职，这是最好的组织，不需要互助。

但是，很多公司之所以认为互助是对的，显而易见，是因为互助更能取得成果。

如果大家互助却没获得成果，那不是互助行为没有效果，只是**互助的质量差**而已。

在没有互助或者互助质量差的公司，出成绩的人和不出成绩的人两极分化现象严重。优秀的员工保持优秀，掌握技术；不出成绩的人，没有获得优秀员工的帮助，只能通过自我努力进步。不出成绩的人无法分享技术、接受建议，没有机会变得优秀，会导致工作停滞不前，久久无法晋升。这就是两极分化的原因。

如果团队目标能实现，这种不幸就将持续更久。因为实现目标了，领导很难意识到现状。优秀的员工只会想："业绩不好的家伙拖了团队后腿，但是我们努力完成了团队目标，我们很厉害。"很难出现改变现状的契机。

但是，这种团队绝对赢不了那些共享成功技术、互相提供建议、互相协助的团队。再加上优秀的员工往往会转岗或辞职创业的因素，团队业绩突然下滑的风险非常高。

改变优秀员工的意识，打造互助团队需要做什么？

答案极其简单，那就是报酬。

给予明确的报酬

优秀的员工不愿给不出成绩的员工建议，不想分享技术的原因在于，即使做了，不仅没有一分收益，一旦不出成绩的人进步了，还会成为自己的威胁。

优秀员工的这种想法也可以理解。如果**没有回报，就没有理由给建议**。

所以，要支付优秀员工相应的报酬。

如果优秀的员工知道"建议费"能到账，就会更积极地

提供建议。提建议是一件很了不起的工作，不能利用优秀员工来提供志愿服务。（关于互助的考核方法，在下一节谈）

如果互助没有价值，公司应该签个人协议，根据每个人的成绩支付相应的报酬。

但大多数公司不那么做。这是最好的证明，说明互助比个人胜负具有更大的价值。

28

我说过多次要团队协作，但很难实施下去。尽管有"团队贡献"这一考核项，但员工更注重个人业绩。

明确"在什么时候，员工互相协助了什么"

这个问题是接着前面那个问题的，是"需要互助"的结论得出来后产生的问题。

你们公司能互相协助吗？

"互相协作吧"这样的呼吁仅仅是口号。其原因在于，没有落实到员工"在什么时候，互相协助了什么"等具体问题上。在具体确定了**"在什么时候，互相协助了什么"的前提下，互相协作就自然会开始。**

某房地产销售公司里个人竞争激烈，已经形成传统的"不协作"风气。一到休息日，人气销售员那里有很多预约好的客户前来看房，别的销售员却闲得无聊。人气销售员前面的客户商谈时间延长，后面的客户就不得不等下去，即便这样，因为"是那家伙的客户"，所以没人跟进。经常会有客户因等不及而放弃商谈，就回家了。

领导觉得这种状况必须改变。已经到了商量购买阶段的大部分客户会考虑"委托别的公司买"。对招待不满，回去的客户不会再来。客户都流向其他公司。

好不容易拉来的客户却因此流失，太可惜了。于是，为了"提升全员的业绩"，领导决定促进员工间的相互协作。

"协助"提高了签约率

关于"在什么时候，互相协助了什么"，领导和大家谈话，制定了具体要求。

无论是谁的客户来店里，所有成员都要打招呼。如果人气销售员的客户商谈时间延长，需要客户等待的时候，手头空闲的营业员就会上前向客户解释："现在负责您的业务员在接待其他客户，如果可以，由我来为您服务。"手头空闲的营业员要了解客户的期望，说明签约前的流程等进行"临时填补"。如果有带小孩的客户，带孩子去儿童活动室，和他一起玩。"在什么时候，互相协助了什么"，全员共享所有细节。

另外，在考核项目中加入"团队贡献"。之前卖一套房，只算作负责此套房的销售员的业绩，协作机制建立后，按照"负责销售员10%，协助销售员1%"的比例奖励。团队目标完成后，以"团队业绩"的形式奖励所有团队成员。

总的来说，优秀销售员可以得到苦于业绩的同伴的支持。从这点来看，可以按照"团队贡献"对其进行奖励。

协作机制形成过程中，工作气氛也好了，年销售额提高了25%以上。

好不容易提到协助，得出"需要协助"的结论，如果不聊**"在什么时候，互相协助了什么""对于协助，采用什么样的奖励方式"**，那么过再久协作体制也无法形成。

29

给年长的员工多分配额外的工作的时候,

他们总会抱怨说"我有些吃力"。

应该怎么分配额外的工作呢?

领导对来年要退休的员工说"继续努力！和年轻人一样，去更多的店铺看看"，是不可能得到回应的。因为如果来年退休，公司会怎么样和员工无关。

并且，即使领导希望他努力，因为年老的身体，也无法同年轻人一样拼命。"同样都是销售人员"，和年轻人一样，不断走访客户店铺的要求过于苛刻，更不用说再"多分派工作"的话，估计年长的员工听后会一声叹息："饶了我吧！"

谁都不想被依赖

我有个问题问大家。尽管我安排工作给年长的员工，但还是会有"年长的员工=没有干劲"的固定观念吧！领导一边把他们当作战斗力，一边又采取半放弃的状态吧！

说实话，谁**都不想被依赖**。年长的、一直奋斗在一线的老员工更是如此。虽然年长的员工从被照顾的话中能得到安慰，但有时听到这些也会认为"即使么说，自己还没老到那种程度"，年长的员工的自尊心会被伤害。

给年长的员工分配"他们擅长的工作"吧！

体力也跟不上了，对新的技术也比较生疏，即便这样，因为他们有多年积累的经验，所以有些年长的员工身怀绝技。

多给年长的员工分配他们"擅长的工作"

某食品制造厂一位年长的员工宣告："我没有体力，因此外出很吃力。以后只做宣传手抄报。"自此，年长的员工就闲居在公司。虽说"任性"，但他做的宣传手抄报特别好，他一整天都很快乐地工作。

他制作的宣传手抄报的特点在于，对象不是面向客户，而是面向店员。往往因为店员的一句话，收银台旁边的口香糖、糖果就会被买走。于是，他为收银员制作了很多主题为"用一句话推荐商品"的宣传手抄报，并且受到好评。

他的领导希望大家能关注被同伴视为半个"板凳队员"的他。

于是他的领导向他提议："你的宣传手抄报的制作技术太

棒了。请把画宣传手抄报的方法教给年轻人吧！我想给你开一个讲座。"

起初，那位年长的员工和其他员工看上去都不在乎这个讲座，但谈到宣传手抄报的制作方法时，大家都在感叹"**年长的员工独有的视角**"。以此为契机，有很多销售员来找这位年长的员工求助，他还发挥着为发生纠纷的销售员充当"灭火器"的作用，其他同事经常能听到年长的员工说："那家店的老板我以前负责过，我跟着去。"从前"我没有体力，因此外出很吃力"这样的哭诉看起来像谎言。

"擅长的工作"和"被摆脱的实感"成为杠杆，这位年长的员工的热情被充分激发出来。年长的员工仍然具有为公司贡献的能量。

但是有一点要注意，如果仅依赖年长员工的热情，其能量难以长久维持。如果想要拜托他们做额外工作，那就不能是志愿服务，好好考核并答谢他们是非常重要的。

30

无法使小时工鼓起干劲，

这点让我非常苦恼。

"谢谢"和"当然"

"托你的福，团队气氛转变了，谢谢。"听到这样的话，小时工能不高兴吗？

小时工最渴望听到的话是"×××，谢谢你。"**请带上小时工的名字说感谢的话**。

很多小时工感慨："没有从员工那里得到过'谢谢'。""谢谢"相对的是"当然"。有多少员工都认为，小时工帮自己做杂务是应该的。

你知道小时工的全名吗？

你知道他以前的职业是什么吗？

不能再把小时工看作正式员工的"下级员工"。

所有人都不能轻视小时工。某制药公司的小时工中有好几位之前是一线员工，如"我曾是销售部门里的王牌销售员""保险公司里业绩总排名在前面"等。好多人因为带孩子暂时辞掉工作后，很难作为正式员工再就业，就以小时工的身份工作。

没有不能发挥他们潜能的办法。如果小时工的干劲不

第 3 章
打造团队

足,那可能是因为公司正式员工把小时工看作"单纯的工作人员",没有跟他们说过话。

实在是太过分了。如果能发挥小时工的潜能,对于公司来说可能成为惊喜的引爆剂。

敦促参会,听取意见

小时工的工作采用时薪制。如果只要求他们和正式员工一样工作,并且工作再积极一些,他们会提出提高时薪的要求,因为雇用他们时说的是"在规定的时间内做领导吩咐的事情",所以他们要求"提高时薪"的理由是合理的。

这种情况下,要想提高小时工的积极性,可以让他们参与"想要发挥潜能"的会议。

在合约期内,多让他们参加会议,期待他们能改变想法。让他们感受到销售人员现在工作的重点目标是什么,以及为此希望他们做什么。

人是能思考的生物。**有了共同目标,小时工也会思考自**

己可以为此做什么。既然大家一起工作，就需要发挥同伴的作用，产生这样的想法也是自然心理。

在开会的时候，员工可以提议征询小时工的意见，如："作为现场的意见，也请听一下×××的想法。"

在某健康食品公司，参会的小时工提出意见："不能只配合卖方做销售活动吧？我认为一边确认客户的意向，一边推进销售活动比较好。"对此，销售员们很吃惊。正是因为小时工平时不出席会议，所以他们不拘泥于固定观念的意见也就更值得期待。

"有无感谢"差别竟如此大

不过，让小时工参会，即使能发挥他们的潜能、调动他们的积极性，可要是公司正式员工仍然对他们没有感谢之情，小时工最终也会没有干劲。某小时工跟进两个员工的工作。参会后积极性得以提高，交给公司的日报中不仅"单纯记录工作"，还详细记录了在店里感受到的商品摆放的变化和店家的

第 3 章
打造团队

聊天内容等。

有个员工觉得这些信息太难得，添加上对日报感谢的话还了回去。此后每天的日报里，小时工掌握的有用的信息越来越多，而且每天都会完成写满的日报。

还有一位员工照旧，对小时工没有任何感谢和反馈。接下来，小时工的日报信息量越来越少，不知不觉间又回到了原来"单纯记录工作"的样子。

即使是同一个人，有无感谢会使小时工对工作的热情和表现有如此大的差异。

以完成简单工作为前提的雇用合同中，不能写上公司各种各样的期待。但是，如果员工能和小时工分享重要的信息，把小时工当作一起工作的伙伴，无关立场和职位，向他说出感谢和目标等，小时工必然会拿出干劲。

在合约期内，公司正式员工要多听取意见、多表达感谢，不把小时工当作"工作人员"，而是当作"一起工作的伙伴"和他相处。

31

我的亲信工作得力，

但对部下没耐心，说话不客气。

提醒了很多次，仍然没有改善。

"会工作"究竟指什么？

首先，作为大前提，"会工作"的定义是什么？你怎样认为？

公司里有销售目标、经营理念和行为规范等明文规定。显然，**公司对员工有"能力"和"人品"两方面的要求**。也就是说，员工在"能力"方面，即使达到了销售目标，做出成绩，如果在"人品"方面扰乱公司和谐，做出不符合行为规范的行为，那个人就不能称之为"会工作的人"。

在此基础上，对于急躁、说话不好听的员工，要怎么办？

语气和态度根据听话人的主观想法的不同而发生变化。即使是相同的语气和态度，有的人让人感觉是"可依赖的、有威严的大哥"，也有的人只是让人觉得"看上去了不起"。急躁及说话不好听不是大家可以接受的态度，更可能只是提问者个人的主观想法。

因此，让他改变语气和态度前，**那种语气、态度对工作有什么样的影响，需要冷静地确认一下**。要区分开是因特定人的"好恶"而"抱怨"，还是因为"业务上出现困难"而不满。

语气、态度和性格一样，是人们在长期生活中形成的。命令员工改掉语气、态度也是个敏感的问题，也有可能被认为是否定员工的人品。

关于语气和态度问题，领导在对员工本人说话前，要极其慎重地做事前调查。

根据"公司提出的规范"解决

实际解决方面，重要的是领导应以"有些行为没有遵循公司要求的行动规范、行动准则"为立足点对待员工。

比如，行动规范中写着"构筑互相尊重、合作的关系"，试着采取下面的解决方法。

"这不是某个人的想法，是公司对全体员工的要求。既然在这里工作，就需要按照公司提出的行动规范来办。但是，现在你的行为有违这个规范，并造成实际危害。这点很遗憾，你有能力，如果今后能按照规范办事的话，周围人会对你更信任。"

这不是领导对特定的员工的"个人"对"个人"的"战斗",是**按照公司提出的规范要求对方改正**。

作为领导组织中的一员,请你客观分清"能力"和"人品"。

32

有些公司领导得不到大家的认可。

关于这类领导和员工关系的改善方面

能否提供一些建议？

接近员工的方法

在问题18中我提过,"8成以上的领导不知道'员工的烦恼'"。相互交换立场,也可以说"几乎没有员工了解'领导的烦恼'"。

不知道对方的烦恼,就会出现员工说领导的坏话,领导说员工的坏话的情况,这样就导致团队目标无法完成。

首先从接近员工的方法说起,创造机会谈谈彼此的烦恼。其中,建议领导多说自己的烦恼。

员工对领导确实有不满的地方。但是,作为企业成员,我们的立场是必须支持领导。我们试着想象一下领导每天思考什么、为什么而烦恼。

讨论中会有各种说法:和好恶无关,必须培养员工;担负着全组的业绩,领导自己的任务也必须完成等。尽管话语直白,但都是一语中的、直指要害的意见。

"这样啊,那个领导也很辛苦啊。这样的话,尽力帮帮他吧!"

员工对一直没关心过的"讨厌的领导"多少会关心些,

想着"他有什么烦恼",哪怕员工思考得很少,但他的"同伴意识"会增强,看法也会发生改变。从"0"变成"1",是很大的进步。

与领导相处的方法

如果能意识到"领导不被关心的原因可能跟领导自身也有关系吧",那么员工也就有学习如何与领导相处的价值。

某房产销售公司的销售员都对总监没有好感。"不了解现场,还那么傲慢无礼",这是销售员对总监的一致评价。

有一位部门主管想要改善这种关系。部门主管之间讨论时,也会让总监加入。如果是"不了解现场"这种不满,那让总监了解现场即可。仔细想想,改善关系是很简单的事。

加之,销售员使用的进展共享表中设置了"总监的反馈评价"一栏。因为是全员共享的表格,所以总监给每个人什么反馈,大家都知道。销售经验丰富的总监的视点,对销售员是有帮助的。

再者，部门主管们会定期把那个进展共享表提交给总监的上级，公开总监和销售员的关系。这种相处方法会使总监和员工的相互关系慢慢发生变化。

正因为领导和员工的关系不好，才"敢于想""敢于参与"。于是，领导和员工的关系必须改善。

33

有员工认为"自己优秀",

不会屈服于别人的意见。即使自己错了,

也不承认错误。这应该怎么引导?

第 3 章
打造团队

员工对自己的工作有信念、感到自豪、专心投入是件很了不起的事。

既然是集体工作，就不能一直尊重个人的"自尊心"。但是，如果不把每一个人的自尊心和"作为团队一员应发挥的作用"合二为一，那么团队便无法发展。

所谓的"作为团队一员应发挥的作用"，如果是领导，要尽全力"好好完成自己带领的团队的业绩目标"。同样，员工要"与周围的人合作，完成领导交给自己的目标，好好做出业绩"。

让员工的自尊心发生"转换"

我觉得有些领导认为员工"个人的自尊心"以不改变自己的意见、不承认自己的错误的形式体现出来，影响"作为团队一员应发挥的作用"。

这种情况下，需要把员工"个人的自尊心"转换成"作为团队一员应有的自豪感"。

只不过，如果用错了转换的方法，事情会变得格外麻烦。

对自尊心强的人，如果当着大家的面指导他"请改这里"，其自尊心作祟，认为"我不坏，我没错"，从而对领导更加戒备，变得更加顽固、不听劝。

另外，如果"私下"指导员工，可能会被员工认为领导在对他进行个人攻击，从而招致员工的反抗。

在交谈中"让员工再次审视"

那么，领导该怎么做？领导可以把团队全体都考虑进来，创造机会让大家重新审视"自尊心"，在交谈中，**让大家客观地反思自己的想法和言行**。

创造团队全员参与交谈的机会，大家聊聊想要什么样的职场环境、想怎样工作和想成为怎样的领导。大家在交换意见的过程中，领导的形象、员工的形象等团队全员的目标应该会清晰可见。那个形象正是领导和员工发挥"作为团队一员的自豪感"的状态。如果领导能意识到"目标形象"和"现状"相差甚远，自尊心强的员工也能意识到"原来如此，作为团队的一员，我还有很多不足"。如果对员工进行"私下指导"，会招来员工的反抗，所以只要给予员工"在团队全员的交谈中，能再次审视自己"的机会即可。

把"个人问题"当作"组织问题"考虑，全员讨论"想要什么样的职场环境"。

让员工在交谈中审视工作的各个方面，是应对各种难题的有效方法，请领导们务必试试。

第4章 做出成绩

不要对结果一惊一乍,要正确认识结果的形成过程,在过程中切实执行。

34

无法接受上级的指示，

但站在自己立场，还必须给员工下达

同样的指示，心情很沉重。

第4章
做出成绩

即使和上级领导对立,也得不到什么

作为领导,受这种夹板气很痛苦。

但是,绝不能和上级领导对着干,不能说"这个指示,我无法接受"。和拥有权力、顽固的上级领导对着干,公司也不会有什么变化,只有你损失而已。

既然如此,领导该怎么办好?对上级领导的指示,顺从地回答"是"的同时,**考虑怎么样做能使销售现场的员工容易操作,并且容易做出成绩。**

有家建筑公司的部门主管对我说,他的上级领导只会坐在办公室摆架子,不去销售现场,不了解实情,还下达各种各样的命令。

"那可不得了!"我很同情他,他笑着对我说:"的确,认真听也许很可怕。但是,没关系。因为那个上级领导不去现场,适当地正面回答,结果销售现场操作更容易。"

原来如此。我莫名地佩服这位领导。

不仅是这家建设公司的**上级领导不掌握现场的具体情况**。

上级领导没理由了解,你如何"传达"他的指示。对上级领导来说，重要的是"结果"。做出结果的"过程"正是你施展才能的地方。而且，如果你能做出完美的成绩，向上级领导献上你的成绩，并表示"多亏您的建议，才取得好的成绩。谢谢您"，这才是双赢的关系。

指示的"背景"

上级领导给你下达指示的时候，比如是主管级别以上的领导参加的公司会议，"你的员工不在场"的情况比较多。因此，即使你不接受自己上级领导的指示，也应该答应下来，并且考虑以"自己的员工容易接受的说法"来传达上级领导的指示。

比较愚蠢的做法是，"总监说了这样没道理的话，我接受不了"或者"领导的指示，连我也无法接受"，这样传达给员工。你越发泄自己的不满，员工的不满就会越多。大家的干劲会消退。当然，最后团队无法完成上级领导要求的成绩。

你应该向员工传达**"上级领导为什么下达那样的指示"**，

第4章
做出成绩

而不是"你是否能接受领导的指示"。

例如，今年销售目标比上一年度增长8%的汽车制造商，决定下一年度销售目标比今年增长15%。

"啊？即使是增长8%，大家都是拼了命才完成，来年别说努力了，还要在今年销售目标上再追加15%？"这是不伪装的真心话。

如果就这么传达给员工，员工应该也会是相同的反应吧。因此，作为领导的你，需要鼓舞员工士气："好吧！虽然目标严峻，但我们还是要完成它。"

"今年大家很努力。来年目标再增长15%是为什么？那是因为需要投资新的研发和设备。目前，我们公司具有品牌竞争力，能耗低的主力产品也受到好评。但是，现在人们买车的兴趣开始向安全性高、驾驶负担小的自动驾驶汽车转变。在这个领域起步较晚的我们公司，必须投资、研发和建设新测试线。如果这里落后了，我们公司的销售目标可能会急转直下。现在北美市场已经出现这个征兆了。这是领导团队的危机感，希望大家都能体会。"

领导团队根据各种数据分析，彻底商讨后制定了长期战略，即便如此，正是因为有这种危机感，才下达了这么严峻的目标。把这个危机感简单、清楚地转达给员工，他们会振奋起来。因为谁都不希望自己的公司破产吧！

从这个意义上讲，为了能把领导团队下达指示的"意图"传达给员工，首先你必须向领导确认"为什么会有这样的指示"。

加入容易理解的"解释"，向员工传达公司的目标和背景情况，**使大家对目标的接受度更高**。这是领导能力的体现。

35

越是没有成绩，和员工说的话就越少。

明知道在员工辛苦的时候领导应该去问候的，

怎么做才好？

有这样一个寓言。

一天早上，走在山中的游客看见一个樵夫汗流浃背地拼命砍树。傍晚，那位游客在返回的路上，看见那位樵夫还在相同的地方，挥汗如雨地砍树。

但是，游客感觉樵夫没有什么进展。游客停下了脚步，认真地观察，发现樵夫用来伐木的工具破破烂烂。游客向樵夫搭话："师傅，您很卖力啊！但是你的活儿好像没什么进展，你先停下来，磨一下工具怎么样？"

樵夫回答："这位游客，你在说什么呢？我没有磨刀的时间，一直忙着砍树呢。"

游客吃惊地走了。他剩下的工作量，如果打磨了工具，仅5分钟就能干完，但樵夫接着干了整整一天。

"干不出成绩"的时候，真的需要交流。**如果不能像预想的那样发展，需要停下来"维修"。**

寻找"不出成绩的原因"

即使是交流,也并非只要随便搭话就可以。员工做不出成绩,一定是哪里出了问题。查找原因、看清不足、提出建议,这是作为领导该进行的交流。

某饮料销售公司接到来自上层领导的命令:"总之,请接受这个新产品!"一线销售员非常头疼地说:"怎么卖这个新产品?"

销售员前往店铺送新产品的提案,却遭受店铺果断拒绝,无功而返。主管询问情况,听说店铺提出不满:"每次都向我家推销新产品,这之前进的新产品完全卖不动,为什么又来推销?"

拜托店铺"销售新产品",**满脑子都想着"公司的情况",忘记了重要的"店铺的需求"**。这样的话,应该很难顺利地开展销售活动。主管认为这时正是为了砍剩下的柴,而需要"磨刀"的时候。

主管说:"大家先把'必须卖新产品'的焦躁忘记。新产品的实力只要看数据就知道不错。比起这个,大家应该看一看有没有不如这个新商品，还摆在店铺里一直卖不出去的商品和不断补货却还是缺货的商品。整理一下有没有这种情况。"

大家都停下来整理数据，发现"缺货的畅销商品"和"滞销却摆满店铺的商品"有很多。

整理数据后，"员工自己怎么做会出成绩"也就明确了。把"脱销的优良商品"和"过剩的不良商品"替换过来，就有了拜托店铺摆上新产品的地方。

主管的主意非常有效，这个团队的业绩一下提高了。员工不出成绩的时候，需要的是找出"不出成绩的原因"的交流。

不能一边抱怨"我们团队不出成绩"，一边说着"我在忙"，摆出一副忙碌的样子，躲开员工。

这是领导该努力的地方，要慎重找出"不出成绩的原因"。

36

问员工"能帮我做这个吗",

很担心他们会不会想"又把工作推给我了"。

请教一些好的分配工作的方法。

越依靠员工，就越容易失去员工

在某运输公司工作的骨干员工很烦恼。

他性格温柔，无法拒绝别人的委托。因此，领导拜托他很多工作。骨干员工每天不停加班，无法消除疲劳。最后他想辞掉工作，向领导表达了自己的想法。

领导第一次意识到自己给这个员工增加了负担，深刻反省了自己。

他如实地跟员工解释，因为对方可靠，不知不觉每次都把工作托付给他了。并且答应他，今后他在安排做好自己工作的情况下，有时间的话再拜托他帮忙。

员工接受了领导的解释，打消了辞职的念头。

集体工作的时候，领导拜托员工帮助工作的情况越来越多。如果领导要委托工作，想拜托可以完成的员工帮忙，这是理所当然的想法。

可能被放心委托工作的员工，对公司和团队来说都是宝贵的人才。如果让这么宝贵的人才因为繁重的工作量而失去干劲，因疲惫感患精神疾病，导致员工辞职，领导后悔也来不及了。

会让员工认为
"领导把工作推给我了"的3个行为

那么,员工在什么时候会觉得"领导把工作推给我了"?这种行为被分为三类。

(1)自己的工作还没做好的情况下,被单方面委托新工作的时候。

(2)没有明确工作的意义、目的,像机器人似的被指示的时候。

(3)即使做了领导扔过来的工作,由于是自己负责范围外的业务,显然与考核无关,明显是"白干"的时候。

领导的行为哪怕适用其中一条,被委托工作的员工就会认为"领导把工作推给我了"。

领导在"掌握员工的工作状态"后,要传达"明确的目的"和"明确的回报"。

前面介绍的运输公司的领导,为了不重复同样的错误,决定每月和员工面谈一次,以便掌握员工的工作状态。

另外,在制定目标的面谈上,领导应把"支持非常规工作"也列入考核项目。员工帮助我们的时候，要好好向其说明那个工作的目的。因为领导改变了做法，对方没有了"领导把工作推给我的感觉"，这家运输公司里也开始形成互助之风。

向员工委托工作不是什么坏事，领导注意以上3点即可。

37

新上任领导,但是,

因为不懂专业知识,被嘲弄、无视。

我该怎么做?

人才资源公司任仕达（Randstad）2018年做了关于理想的领导、职场环境的调查。

我关注的是调查中"理想的领导"这一项。

从商务人士的回答看，排在第一位的是"值得尊敬"（53.7%），第二位的是"有决断力"（45.1%），第三位的是"有开阔的视野"（35.3%），"参与工作"排第8位，仅占所有选项的12.5%（回答可多选）。

领导为什么遭受"抵制"呢？

员工不要求领导"参与工作"。

不会因为领导"没有专业知识"便"抵制"领导，也不会因为领导"没有技能"而"抵制"领导。

如果有领导遭受抵制，那是因为他没有发挥"领导"的作用。

"领导的作用"是什么？

我认为有2点。

第4章
做出成绩

（1）展示团队发展的方向。

（2）面向发展方向能组织好团队工作。

如果领导觉得"因为没有专业知识而遭受抵制"，难道不是因为领导没有专业知识、没自信，指导工作时始终模棱两可，领导作用没有发挥出来吗？

即使没有专业知识、没自信，但领导能展示团队发展的方向，面向发展方向能组织好团队工作即可。

外行领导改变了"专家军团"

某食品制造厂商的营业所所长是从保险行业转行过来的。

对食品行业的知识了解较少，专业术语也难以理解。营业所的员工起初担心一个外行人突然成为营业所所长，能否领导大家，但所长用他自己的行动使大家放心。

所长说："我想学习销售，请让我坐在助手位置上！"所长每天都会请教员工，与员工同行。

在客户那里，边听员工推销，边努力记笔记学习，回营业所的路上会不停地提问。领导如果不能接受员工的回答，会追根问底。多亏所长，许多员工发现自己"以为明白的事情"，实则并没有完全理解。

关于公司的经营理念、行动准则等，所长反复询问多次，直到所长可以理解为止。其中一位员工回忆当时的情景时说："我发现，和所长聊天的时候，会让我想起来自己在销售上最重视的是什么。所长就任一年后，在销售的细节方面，我们依然在他之上。但是，**所长最理解'销售员行动的时候应该重视什么'**。"

现在的你真正需要的不是细致的专业知识和技能，而是向员工简单说明"应该发展的方向"，以及向着这个方向带领团队前进的力量。

38

听了浅井先生的讲解,我意识到

信赖员工、依赖员工非常重要。

但是我担心如果走错一步,

可能会被当成靠不住的上司。

前一节说了,"领导虽然没有专业知识,却没有受到员工抵制"。但是,有领导问过:"专业知识可以不用学吗?"实际并非如此。

2个店长的"区别"

有2个分店店长从别的部门调动到销售部门。

其中一个分店店长,努力学习本公司的产品知识和销售入门知识,刚就任的首次商谈就带上了熟悉产品知识的员工:"如果对方的问题我回答不上,拜托你接替一下。"这个分店店长这样拜托了员工。"我还在学习产品知识,如果认真讲述那些内容,就没办法看到对方的反应,无法提出有效的提案。因此,关于产品知识,希望你能支持我一下。我今天主要任务是观察对方的反应。"员工也能接受,并支持分店店长。最终,这个分店店长掌握了商品知识,游刃有余,并能很好地说明,不需要员工的支持。

另一位分店店长也会拜托员工:"我刚调过来,不太了解产品知识，麻烦你……"员工也会愉快地支持他。但是，关于本公司的产品知识、销售等都不想学习的他，到了第二年，还在说："我是其他部门过来的，销售方面不太懂，所以麻烦你……"员工也厌烦了，这个分店店长失去了向心力。他的业绩不断下滑，最终被调走。2个分店店长的区别只有一点，即"是否在努力尽自己所能后再拜托员工"。

领导不会因为作为参与者能力不如人，而遭受员工抵制；也不会因为拜托员工，而遭受员工抵制。但是，**不想提高自我的领导，会遭受员工的抵制**。

请记住这点。

领导可以偶尔示弱

所谓的示弱，是指领导可以偶尔依赖"员工的力量"。能够偶尔向员工示弱的领导，他带领的团队会形成互助之风，其结果是业绩得以提升。

但领导不能将自己本该承担的责任推给员工。

团队目标无法完成的时候,"自己尽全力了,员工不中用",有这种态度的领导很多。员工做不出业绩是束缚员工的领导的责任,领导不能逃避这个责任。有领导叹息:"我的员工,说多少次都不明白。"有抱怨的工夫,应该思考员工听得懂的说法。

把责任转嫁到员工身上,作为领导这是最差劲的"示弱"。

什么样的领导"靠不住"?

什么样的"示弱"被允许?

领导如果能把握住偶尔示弱和不能将自己本该承担的责任推给员工这两个要点,就可以避开"拜托员工而失去信赖"。请好好向属下示弱。

39

公司年轻员工在减少，

无法让年轻员工相互竞争。

不是和"同事"竞争，而是和"市场"竞争

所有公司雇用人数都在减少，作为员工，希望在同一级没有与他竞争的人，这种状况经常会发生。

但是，公司内没有对手不是坏事。因为这会成为关注"公司外"，也就是"市场"的契机。

的确，身边有个厉害的对手，会让我们满怀热情，我们要努力"不输给这家伙"。

但是，如果只想战胜对手，从而产生不好的竞争意识，"战胜了对手，却输掉了前程"或"输了对手后，也失去了热情"，这样的风险也会变大。

再者，这种心理也会产生其他副作用，例如不把对手看作"相互学习的好的对手"，只是看作"争夺业绩的竞争对手"；不想和同事共享自己的技术信息；不认可同事的优点等。

公司内竞争对手的存在是把"双刃剑"。

第 4 章
做出成绩

保险公司发生的"反抗"

这是某日本保险公司福冈分店发生的故事。因人事调动，从东京分店调来了一位优秀的销售员。他与福冈分店销售员所做的提案书质量完全不同。于是，分店店长拜托他："为了帮助苦于提案无法通过的员工，可以把你的提案给他们看吗？"

他果断拒绝："不要，为什么我要给对手送'弹药'呢？"

在这家公司，不仅福冈分店、东京分店，所有分店店长都会斥责员工："不要输给隔壁分店。"所有营业所所长也会喊："不要输给隔壁营业所。"销售员们也会把同事当作对手："怎么能输给隔壁销售员呢？"公司里充满竞争的气息。因此，构筑共享信息技术、沟通烦恼等合作体制非常困难。

但是，分店店长想，万一公司倒闭了，会怎么样？能"获救"的只有优秀分店的优秀销售员吧！

没有那样的事情。与成绩无关，如果所有员工都失业了，就会和家人一起陷入困境。发生那样的情况再后悔"不能让公司倒闭，当初与同事协力合作就好了"，已经晚了。

分店店长担心团队所有员工的关系，说："同事绝不是'竞争对手'，是伙伴。真正的'对手'是市场。公司里大家合作，可以提高市场竞争力。"

然后，分店店长也改变了做事方式，积极与员工一起去销售，比之前更认真听客户的声音，并在公司内共享。**"不能只对员工指手画脚，要自己展示'想怎么做'。"** 带着这种想法，分店店长从办公室出来，开始投身到"市场"中。

团队慢慢发生了变化。竞争意识也开始从"公司内"转向"市场"。

应该战胜的不是"身边的同事"，而是"市场"。

公司内相互竞争的时候，市场被其他公司抢占，没有意义。领导应该在雇用人数减少的今天，让员工彻底拥有"市场"意识。

40

有时需要给员工分配工作。

如何分配那些谁都不愿意干的工作？

如果是扔垃圾、打扫这种人人厌烦的杂物活,制定轮换制值日,以每周一换班这样简单的对策就可以。

麻烦的是,在工作上,有"好做"和"不好做"这样清楚划分的情况。

例如,现在有A计划和B计划。

A计划看上去容易推进,而且如果成功,员工取得的成绩更好。

B计划看起来无聊,并且成效小。即便如此,有人必须实行B计划。

怎么分派B计划,对于领导来说真是伤脑筋的事。

这个时候重要的是明确传达"为什么必须做"和"所做的事情对公司有什么意义"等信息。

> ## "我没资格做销售,
> ## 被调转到这里"

某饮料销售公司有被称为"调查队"的部门。

第 4 章
做出成绩

提起他们的工作，只是调查"自动售货机上的商品是否缺货"。这是一个"板凳队员"团队，聚集在这里的员工都被打上没资格做销售员的"烙印"。

团队有10人，没有划分特别的负责区域，员工们进行着花一天时间研究住宅地图，指定第二天巡回区域的路线。这样枯燥无味的工作，当然无法调动他们的积极性。

新加入的员工也是以消极的心态开始工作："反正我也没有资格做销售，是被调转到这里的。"新加入的员工悄悄穿着私服确认缺货的商品，像是隐秘调查。放置自动售货机店铺的老板怀疑他是可疑的人，向他喊话时，他才第一次介绍自己："实际上我是这家饮料销售公司的员工……"这样工作，就像是做了坏事被发现了一样。

领导的话改变了团队

一举改变"调查队"员工的意识的是新的销售主管。

销售主管认为"调查队"的工作是非常有意义的。于是，他把自己的想法传达给所有员工："多亏你们踏踏实实调查缺货情况，**我们了解了'在哪个地方哪种商品卖得好'和'损失了多少机会'**。这些信息能一目了然的话，应该能进行更有效的销售活动。"

销售主管把他负责的地区细分成10个区域，给每个"调查队"成员都分配"负责区域"。然后，还把实地确认时的服装，从之前的私服更换成带有公司标志的工作服。他们也和销售员一样，都有自己"负责的店"，工作时和店方交换名片，然后确认机器。如此一来，员工有机会和店铺老板交谈，能获得宝贵的信息。只确认自动售货机的销售量是无法获得这些信息的。

把他们调查到的内容，附上地区负责人的姓名，和缺货情况等总结在一览表中，然后交给销售员。

收到调查信息的销售员大喜，如果能好好研究缺货导致的损失，下次及时补货，就能大幅提高销售额，这点以前被忽视了，有了这些调查信息后，就变得清晰可见。

现场销售员根据"调查队"的信息，采取对策：把容易缺货的商品在自动售货机内的摆放量增加到3列，及时补充商品。

第4章 做出成绩

最终成为日本第一!

"调查队"的工作意义深远,销售主管的信念没错。

以朴实的调查为基础去展开有效的销售活动,他所带领的团队最终成为日本第一销售团队,"调查队"的每个人也恢复了往日的自豪感,开始觉得自己对公司有用。

年末举办的宴会上,销售主管跟业绩好的销售员说:"背后支持我们取得好业绩的是'调查队'的同事们。请一起上台!"随后,邀请了"调查队"的成员们上台。在雷鸣般的掌声中,"调查队"的成员们不好意思,但很骄傲地笑了。

即使是看起来无聊的、谁都不想做的工作,**只要领导能告诉员工工作的意义,并在工作后表示感谢**,就能调动他们的工作积极性。

没有"没必要做的工作"。作为领导的你,要理解每一个工作的意义,耐心地、满怀热情地向员工说出工作的作用。

41

浅井先生说过"不要评价结果,要评价过程"。

但是,如果没有成果,再怎么赞赏过程,

也只会降低员工的工作热情吧?

第4章
做出成绩

"过程"究竟指什么

你认为"过程"指什么?

"过程"指的是"工作中,为了出成绩采取的必要的行动"。与"结果"无关的行动不叫"过程"。将"结果"和"过程"分开思考,是奇怪的事。

职业棒球选手即便早起努力练习击球动作,赛场上无法击出安全打的话,年薪就无法上涨。这时教练不应夸他努力,而应教他击出安全打的练习方法。

总之,要夸奖过程,就必须让员工经历"正确的过程"。

要决定正确的过程,领导就要好好观察现场。明确完成业绩的员工和未完成业绩的员工之间的"差异"是一条捷径。

某房产公司的领导对业绩好的员工和业绩差的员工之间的差距很头疼。

为什么那个员工能轻松地卖掉房子?为什么这个员工一年只能卖掉一些小的配件?领导在现场观察员工3个月后发现,完成业绩的员工和未完成业绩的员工与客户商谈的方法存在明显差异。

"第一销售员"的商谈技巧

买房子的时候，销售员与顾客需要商量是公寓还是独院、是新房还是二手房、重视位置还是重视价格等各种要素。

业绩一向不好的员工在商谈时，会把这个房子的优点全部、毫无保留地介绍给客户。介绍优点固然重要，但如果对客户正好不重视的地方长篇大论，听起来只不过是"自我夸耀"。商谈中，客户厌烦了，便离去。

完成业绩的员工一边轻描淡写地简单介绍房子的优点，一边**观察客户的反应**。他发现谈到抗震性时，客户起劲了，之后便围绕客户最感兴趣的抗震性精准介绍。

做销售不应专注于"自己所说"，而是要针对"客户重视的事情"展开来说。

领导确信这正是"正确的过程"。于是，把"商谈中首先观察客户重视什么"这一项加入考核中，让全员学习掌握。

此后，再也没有员工面谈时拼命背诵似的，只关注自己所讲。因为那样做不会有结果，也达不到考核标准。

房产公司的业绩逐渐提高了。

第 4 章
做出成绩

员工不出成绩，感觉不到进步的话，所采用的"过程中的方法"就有问题。领导要找出能出成绩的"正确过程"，让员工共享、共同改进。

42

实施每个人的措施可以提高业绩、提升员工的工作价值。但是领导很难引导员工提出意见，怎么办？

人有"思考的节奏"

感觉难以让对方提出意见的原因在于对方不提意见。领导经常问员工："有问题吗？有没有别的意见？"大家都很安静。这种场面越来越多，领导会头疼"很难引导大家提出意见"。

不提意见不是"因为员工没有积极性、主体性"，而是单纯地因为**"思考时间"不够**而已。

以大学生为对象，就"领导力"这一主题，我组织了小组讨论。

90分钟左右的讨论，发言的人却很少。我真的很遗憾。

但是，课后看了大家写的感想，我的沮丧一扫而光。

完全没发表意见的学生，在纸上写满了自己的想法、感想。

也许是因为小组讨论过程中，思考的时间不够吧。事实上，我也听到过"我不习惯在人前说出自己的意见，我还在思考要怎么说好呢，时间就过去了"。我进行了反省，发现是我在**听取全员意见的方法方面**考虑不周。

明确"想要接受的意见"，给予员工"思考的时间"

很多企业会议上，有类似的事情发生。

参会人在快要开会前拿到厚厚的资料，听着快速的讲解，会议一结束，就被问"有什么问题吗"，没有充分的考虑时间，基本提不出问题。

在很多人参加的会议上，很多人担心"提这样的问题会被认为是傻瓜吧"，敢于提出意见的人极少。

在我做顾问的企业里，为了会议上能让员工容易提意见，想了这2个解决方案。

（1）会议开始2周前发资料。关于想讨论的话题提出"阅读资料过程中，难懂的地方""有效实施措施的主意、意见""实施措施的迫切要求""其他"等希望大家思考的问题。给大家充分的考虑时间，让大家带着意见参会。

（2）会上，先分成容易提意见的小组（5~6人），由适合引导员工提出意见的人来组织小组讨论。提出意见后，全员讨论。

第 4 章
做出成绩

　　如此费功夫，使得我们能听到之前犹豫不提意见的多数员工的意见了。如果每个人的想法都能施行，大家会把想法的落实当作"自己的事"干，也会提升员工工作的价值。

　　参考以上2个解决方案，尽量创造让大家容易提出意见的环境吧。

43

团队成员总是出错，

领导还让拿出成果，对此我不能接受。

第 4 章
做出成绩

铭记在心的前辈的"一句话"

有咨询者跟我说:"以前我不停地调动工作。"听到这个问题,我想起自己曾被任命接手一个业绩低迷的团队的事情。

虽说把"不出成绩的团队"变成"出成绩的团队"是领导的工作,但还是待在"出成绩的团队"做出业绩更轻松吧。

我曾被任命接手业绩低迷的团队,当我感到沮丧的时候,一个值得信任的前辈这样对我说:"浅井,你试着想想,尽管被任命接手业绩低迷的团队,可自己刚成为领导,业绩就下滑很痛苦啊。但是,接过来一直不出成绩、成员总是出错的团队,只要稍做出成绩,就会得到表扬。这不是幸运的事吗?"

我的确是这么想的。前辈继续说:"如果能把团队混乱的状态重整一下,也会成为很好的经验。但是,也不能着急,不是随便做点什么就能出成绩的。重建需要时间。首先,你要仔细观察,整理出员工犯错和不出成绩的原因,专心斟酌对策,怎么样?"

我因为前辈一席话,变得积极了。我把前辈的建议,原封不动地送给提问的人。

观察员工犯错的状态，整理做出成绩的4个步骤

我听了前辈的话，把员工犯错和不出成绩的原因按照如下4个步骤做了整理。

（1）看个人的成绩，而不是团队整体的成绩，分析产生差异的原因。

即使团队整体不出成绩，只要观察团队内每一个员工的业绩，就会发现，有人能干出个人成绩。要着眼于团队内"能出成绩的人"和"不能出成绩的人"的工作内容的差别。

于是你就会发现，与出成绩的人相比，不出成绩的人"不被客户信任"。

为什么不出成绩的人不被客户信任？那是因为他们拼命推销本公司的商品，根本不听客户的需求。

我直接去问客户，区别很明显。业绩好的员工的客户会夸赞他、信任他，业绩不好的员工的客户会抱怨："你的员工只说希望我为他做的事。"告诉我们"出成绩的人"和"不出成绩的人"之间差异的是客户的直率的态度。

第 4 章
做出成绩

（2）创建消除"差异"的机制。

能否倾听客户的需求，是"出成绩的人"和"不出成绩的人"之间的差异。

我在每天的短会上，一一向销售员确认"今天访问的客户的需求是什么"。

再加上，我在针对每个客户制作的客户表格中设置了"客户需求"一栏，使得销售员能否把握客户需求变得一目了然。

（3）按照消除"差异"的机制，怎么样提议、怎么样开展销售活动等，思考具体的活动计划。

怎么样做能满足客户的要求？领导要帮销售员将计划落实到具体的行动上，并且给思考不到的销售员提示，制订活动计划。

（4）按照活动计划，定期分享工作进展，确定执行的是否顺利、在哪停滞不前等问题。

领导不仅确认员工"会做""不会做"，还要商讨如何把"不会做的事情"变成"会做的事情"。

相当于是PDCA循环⊖的"C"的部分。这个大写字母"C"是"检查"（check）的"C"，也可以是"关心"（care）

⊖ PDCA 循环的含义是将质量管理分为四个阶段，即计划（Plan）、执行（Do）、检查（Check）和处理（Action）。

的"C"。直到员工可以自己执行活动计划，领导一直陪着员工，关心他们很重要。

是叹息完就结束，还是开辟自己的道路

接任一支总犯错的团队，直到任期结束，一直抱怨和哪怕把这个团队改变过来一点，两者相比，这之后领导的人生会有大不同。

带领总犯错的团队，哪怕做出一点成绩，今后这个团队领导才可能接任"出成绩的团队"。接任期望的团队，如何扩大成果？在更高的舞台上，领导的才能得到考验。

现在，毕业入职开始到退休为止，员工一直在同一家公司的情况越来越少了。现如今是任何时候都可以在市场实现自己价值的时代。

这样考虑，领导接任总犯错的团队**的同时，能得到磨炼自己的领导力、提升市场价值的机会**。实际这也是一次很大的机遇。

第5章 改变组织

不要想着"我们公司不行",这样大家只会放弃公司,领导应穷尽智慧,把周围人都带动起来,为了完成公司的目标勇往直前。

44

领导偏心，对喜欢的员工和不喜欢的员工态度完全不同，让人非常不愉快。也没办法阻止他吧？

第5章 改变组织

最好不偏心

某教材销售公司的主管，有一段时间被总监偏爱。

但是，有一天总监辞职了，那位主管现在完全不同，去了原来让他很头疼的总监下面工作。

那之后，主管的考核结果总是让人诧异。

主管意识到了，**"被偏爱的人，一旦没了庇护，真实的自己就会跃然纸上"**。

主管准备奋起努力，让新总监认可自己的实力。

被偏爱的人，"有7分的实力，往往得到10分的评价"；不被偏爱的人，"有10分的实力，只得到7分的评价"。

应该受到好评的人生得不到正当的评价，实际上很残忍。

不过，将来危险的是受领导偏爱的人。一直偏爱我们的领导，不可能在他退休前一直都担任我们的领导。只有7分的能力，却因为被偏爱得到10分评价的人，一旦换了领导，"7分实力"的自己就被打回原形。在期待10分的领导面前，只能发挥7分的实力。来自新领导的评价会越来越低。不是真正的实力，早晚会暴露的。

这么说，不受偏爱就当是"磨炼自己的机会"。无论怎么提高实力，也得不到10分评价的话，你就没工夫休闲地坐着，要不断磨炼自己，继续精进，慢慢具备实力，提升自己的价值。无论如何都得不到领导的偏爱时，借机换个工作就好了。

如果真的无法忍受

如果你真的被逼到了以现在的"心情"无法忍受的境地，公然向领导申诉也是一个办法。

像刚才列举的那个主管那样，偏爱关系到"评价的好坏"时，会直接影响工资、晋升。现在看看，继续努力也不是很容易。

没有人来公司是为了让领导喜欢，都是为了生活才来公司工作的。

如果领导对员工的偏爱影响了员工的考核、收入，员工就要以事实为依据，向领导讨说法："我也是因为工作来公司的。虽然只做了这些,但5级评价中得2级,我无法接受。我哪里不足,请您在'领导反馈评价'中详细写出来。"

要以书面形式要求领导说明,如果能保留证据,就更有效。想办法让领导觉得"这样下去不好"。

45

被任命为常败队伍的

负责人真令人头疼。

第 5 章
改变组织

一个部门如果连年完不成目标，员工有"反正自己怎么做都达不到目标""目标太高了，不可能完成""目标即使完不成，也不会被辞职，所以，就像往年一样干吧"等心理，如此，部门员工整体的热情会下降。这就是所谓的常败状态。

抓住常败的真相

你找到达不到目标的原因了吗？

这里重要的是，**彻查"达不到目标的原因"。**

如果团队中的每个成员都提高效率，就能达成目标，只要改正即可。但是，如果公司设定的目标本身过高，那么需要领导对员工解释。

某食品制造厂商的考核指标不是销售额，是"店铺市场占有率"。

店铺市场占有率当然会有地区差异。一方面，城市地价高、卖场面积小，很难获得较大的市场占有率。另一方面，卖场面积大的地方的店铺里，货架上摆着各个食品厂商的产品，也会有本公司的市场占有率很容易降低的情况发生。

尽管如此，公司还是做出指示，无关地域差别，都要"目标直指××的市场占有率"。被任命为负责地方某区域的主管很苦恼。与城市相比，怎么想都觉得目标设定不合理，团队中的员工也觉得"反正我们无法完成目标"，从一开始就放弃。

准确说明"现状"

主管向总公司的领导们提出"请考虑一下地区差异"，但总公司的领导并没有接受。

那么要怎么办？主管分析了自己处于何种不利的环境，对员工说："你们是在不利的情况下战斗。我们只能完成全国目标的60%。但是，如果全国环境相同的话，你们完成的成绩相当于是150%了。你们没有失败，你们是全国第一。"主管把员工取得的成果准确地进行了说明。

听了他的说明，员工发生了改变。

"要完成公司的目标，处于不利环境中，即便勉强达到那个目标,也不符合现实。既然这样的话,我们尽力满足眼前的客户的要求吧!"员工自己提出建议。比起"获得市场占有率",他们把目标调整为成为"客户销售额第一"。

如果"重视市场占有率",会在卖场摆上各种各样的商品,可滞销的商品还是会滞销。如果剩货一直放着,店铺就会失信于客人。按照来店客人的要求摆货,以商品为主,在空余的地方摆放大量畅销商品,这样做虽然没有完成总公司"市场占有率"的目标,但销售额大大提升,他们以"客户的信赖"为主题开展销售活动,收获了最重要的东西。

领导应正确认识现状,承担解释目标的责任。

于是,员工有了积极的思考方式,开始思考当前如何采取最佳对策。

46

加班是常规。虽然上级领导指示减少加班,但可能会影响工作。对于维持业绩的加班,您怎么想?

第 5 章
改变组织

你的烦恼是中层领导普遍都有的烦恼。我判断你是受了夹板气。

进入本话题前，先聊一下加班和业绩的关系。

业绩有"短期业绩"和"长期业绩"，**加班是为了获取"短期业绩"的紧急手段**。

总之，"经常加班"绝不是"为了获得长期业绩"，只不过是为了获得紧急的短期业绩的非常规手段。一直持续那样的工作方式会让员工疲惫，团队散乱。员工的疲劳感增加，效率下降，或许会因过劳病、精神疾病而倒下。

减少没用的工作

找我咨询的金融公司，过去一直靠加班维持着业绩。这样不行。我看过员工的工作现场后，为了改革，我提出完成下面3个目标的同时，维持业绩不下滑。

（1）减少员工精神萎靡的状况。

（2）减少员工数量。

（3）减少加班。

在维持业绩的同时完成以上目标，也许会被认为"不可能做到"，但是没有不可能的事。

现在这家金融机构很完美地两者兼顾。首先必须抛弃这些固有观念：为了维持业绩，即使是不合理的工作方式，也必须忍耐；为了维持业绩，增加加班时间也是不得已的。

这家金融机构之所以能做到维持业绩的同时减少负担，是因为**彻底减少"没用的工作"**。

据说"职场有4成的工作没用"。没用的报告、没意义的会议、不必要的文件制作、无效率的工作方式等。妨碍重要事项执行的最大原因在于，大量没用的日常业务。如果能省去这些没用的工作，那么"付出6成的努力"就可以维持"与以前相同的业绩"。

"资料谁都没读过"

举一例来说明。

第 5 章
改变组织

　　这个金融机构的销售支持团队，为了使销售员顺利开展销售活动，每天做详尽的资料到很晚。

　　团队领导为了找出可削减的无用的工作，问了团队成员一些问题。

　　"为什么做材料？"

　　员工回答道："为了让销售员能有效地进行销售。"

　　团队领导接着问："真的对销售员有帮助吗？"

　　"我觉得也许有用吧。"

　　"没有证据说明有用，心里很不安吧！试着直接向销售员确认一下。"

　　员工一确认才发现，情况很糟糕。

　　销售支持团队每月承担50页的资料制作任务。资料分发后，大部分资料不是淹没于销售员办公桌上堆积如山的文件中，就是还没有看过就被压在抽屉底下。

　　当然，也有销售员看资料。但是，翻阅过资料的销售员也说："50页资料没办法每天看，仅这3页就很有帮助。"

50页的资料中，只有8%有用

"能发现无用功，太好了。"

之后，销售支持团队根据"对销售员真正有帮助的3页"内容，制作更容易理解的资料。

完成后的资料是8页，资料从50页减到了8页，意味着销售员的负担减到了8/50，销售支持团队也不加班了。

在前文我介绍过工作上出成绩所需的"过程"。

与"过程"无关的工作都是没用的。

在你的公司，有没有与任何出成绩的过程无关，只是因一直以来的惯例、一时的想法等所做的工作？例行的业务都和"过程"没有关系吧？

找出这样的工作是在维持现有成绩的情况下减少员工加班的第一步。

47

在不许失败的风气中，

该如何原谅失败？

为什么日本企业的国际竞争力弱？

电视剧中经常听到"即使失败了，我也会负责任"之类的台词，员工失败的责任由领导个人全部承担，有这种觉悟的领导，现实中几乎没有。大多日本企业里，"不允许失败的风气"蔓延，领导们在做决定的时候，总是想着"不要失败"。

但是，这种风气正是日本企业在国际竞争中落后的原因。领导总是希望慎重、再慎重地做决定，那决定就"太晚了"。

日本企业在海外的负责人，尽管作为当地负责人参与交涉，担心被日本总公司斥责"不准提前走开"，但有很多负责人会避开在那个场合做决定，他们会说："请允许我把这些带回去，和总公司的领导商讨一下。"

另一方面，其他国家的企业就"什么程度的议案，可以在当地做出决定"的授权标准做了明确规定。因此，他们可以快速做决定。所以，日本企业会被海外企业超越。

某日本企业的当地负责人这样感慨："总公司说，你负起责任领导这个队伍。听起来不错，但这就像是被威胁说'当地如果有什么失败，全都是你的责任'。"日本企业中，负责人

第 5 章
改变组织

做事谨小慎微、总想采取万全之策也不是没道理的。

如果把失败的责任推给"个人",大家会因为不想失败而不敢发挥自主性。

具有挑战性的议案的**责任不在"个人",而应在"集体"**。

"个人"应对,判断失误

某汽车制造商完善了机制。为了有效推进谈判,关于今后销售挑战的议案,销售员、领导、开发团队在内,定期交换"接受条件的上限、下限、交货期"等信息。并且,在谈判当天,合作方提出的条件超出条件范围的时候,谈判代表应与公司电话交涉并迅速做出决断,尽量不把议案带回公司商量。

特别是B2B模式中,公司与公司因多次交易联系较多。"这次交易对我们不利,那次交易对我们有利。彼此相互帮助,因此稍微有些不合理,也可以接受",偶尔也会做这样的决定。

在那种复杂的状况下,如果责任由"个人"承担,员工会做出错误的判断。"如果按照这个条件达成一致，会被总公司斥责的"，以此为由拒绝合作。常有"是为了维持互利关系的合作，由于拒绝了对方，而使双方关系出现了裂痕"这样的情况出现。

企业活动中出现的失败，由个人负责的时代已经过去了。并非是按照个人的裁夺，"允许个人失败，团队负起责任"，**我们要求建立能判断是否是企业允许范围的失败，并迅速做出决断的机制**。

这才是打破"不允许失败的风气"的关键。

48

隔壁部门的领导对员工职权骚扰，每天谩骂员工。如何阻止他呢？

职权骚扰毁灭企业

我听过的最受打击的是受到职权骚扰的员工被逼自杀的案例。

员工有失误，领导在别人面前公然否定其人格，谩骂他，说他无能，可能导致最坏的结果。

更令人愕然的是这之后公司不追究这个领导的责任，不仅如此，过了不久，这个领导还升职了。

这家公司业绩较好，所以一直能录用到优秀人才，并保持较好的运营。然而，另一方面也有很多人因心理、精神不适辞职。对于接连发生的领导的职权骚扰，周围人视而不见。甚至有人表示赞同，认为失误的人是笨蛋。

逐渐有辞职的人在互联网上表达愤恨，"黑心企业"的恶评就扑面而来。慢慢地，公司在人事录用方面受影响，招聘不到优秀员工，现在公司业绩也慢慢下滑。

第 5 章
改变组织

"间接"阻止

让职权骚扰的领导改正。即使不是你的直属员工,是隔壁部门的领导,也是件很可怕的事情。"并不是自己受害,所以自己不会特意闹大事情",这样视而不见也可以。

但是,如果视而不见,就会像前面提到的公司那样,形成放任职权骚扰存在的企业文化。现在,企业信用慢慢丧失,与之相伴的是公司业绩下滑。

职权骚扰是企业经营中公司全员的重要课题。它并不是一个视而不见就能过去的小问题。如果放任不管,可能会毁了公司。

只不过,即使说"不要视而不见,行动起来。不要担心被领导报复,去告发职权骚扰的领导",也有很多困难。

在我担任讲师的商务学校里,当我问"隔壁部门领导有职权骚扰的言辞时应该阻止,你们能落实到行动上吗"时,大多数人回答"不行"或"有些犹豫"。虽然会在背后说"那个员工看起来很可怜"或"那个领导的言行太过分了",但要说自己上前纠正这个问题,还是非常困难的。

不过，如果问"应该阻止职权骚扰，你们能否向公司提议'希望学习健全的沟通技巧，强化员工之间的信赖关系；希望提升培养员工的素养；希望公司能创造此类学习的机会'"，大部分人回答"这样可以"。

为了清除职权骚扰的企业文化，如果**向外（培训）寻求"学习正确的沟通技巧的机会"，并把这个范围不断扩大**，企业活动的运行将处于低风险中。

能意识到隔壁部门发生了职权骚扰，你很了不起。此时，是"视而不见，不了了之"，还是做出"即使矛头不指向自己，也踏出这一步"的决定，有很大的差别。

49

员工喊着"平衡工作与生活",对工作有所疏忽。总是在规定时间过几分钟后上班,可他的午休时间还比规定时间长。这种状况已经持续几个月了。

当即解决

您问题中提到的员工的行为已经明显超出了"工作、生活平衡"的范畴了。不遵守上班时间和休息时间是单纯的违反工作规定。

对这样的员工放任几个月是领导的怠慢，如果员工的问题变得更严重，他可能会辩解："可是好几个月了，领导也没有任何的提醒，所以我以为是可以这样做的。"毫无疑问，作为领导的你会被追究管理责任。

最初的解决方法是，**要在他上班迟到的时候当即解决**。只不过，如果不问情由地指责"为什么迟到了""对工作的觉悟不够"等，现下也可能会被员工控诉职权骚扰。即使还没有发展到那个程度，也为日后的相处留下了芥蒂。无论怎么说，让对方理解不能迟到，并让其进行自我纠错这一最初的目的没有达到。

关于迟到、休息时间等，领导要按公司规定提醒员工认真遵守，堂堂正正地、严肃地处理。

首先，**询问"迟到的原因"，并把谈话内容整理成书面信息**。

第 5 章
改变组织

如果员工迟到的理由不是公共交通的延误、事故和身体不适，而是由睡懒觉、闹钟未响、宿醉等个人问题导致的，领导要指导其改掉不良的生活习惯，让员工今后不再迟到。

万一，指导过后员工立即再犯，领导要让本人说出"防止再次发生的办法"，并写成文字材料、给出忠告："迟到是违反工作规定的行为，如果再次迟到，不是作为领导，而是以公司的名义斥责他"。

如果员工屡屡迟到，领导要告知他"不会再庇护"他。

错误要扼杀在萌芽中

员工做错了事，如果不提醒他是领导过度宠溺员工。

领导的宠溺会使员工恃宠而骄。

我们经常会在新闻中看到，营私舞弊、不当经营等的丑闻曝光后，员工被惩戒、解雇的事件。大多数都是"这个程度没关系吧"这样来自领导的庇护。**趁早拔掉过失的萌芽，能守护员工的将来。**

放过一个人的错误，可能会给集体、企业带来重大的损失。

对于员工反复违反公司规定的行为，要作为公司问题，迅速并细致地做出回应。

无论多忙，领导都要放下手头工作，作为当务之急处理员工的错误，并详细记录过程，随后将记录交给公司。不是"领导"对"员工"的处理，而是以"公司"的名义来处理员工的错误。

50

我会为了员工、伙伴尽自己所能，

但很难"为了公司"做这些。我很奇怪吧？

"我会为了员工、伙伴尽自己所能",没有领导能这么想。你真的是很好的领导。员工的工作停滞不前可以去求助领导,可以跟领导说人际关系方面的苦恼等,如果职场上有这样的领导,对员工和伙伴来说,会很放心。

为什么失去了对企业的忠心?

那么,你为什么失去了对企业的忠心?因为不会想"为了公司"。

实际上,也有一位主管来找我咨询相同的问题。

"总监从不倾听员工的声音,从不真心为顾客考虑,感觉总监对工作没有使命感。为什么公司会让这种人做总监,想到这些,就越发没有干劲。"

主管对总监不满。

"没有为了公司的想法"是"没有为了领导的想法"的同义词。

第 5 章
改变组织

凭借一己之力难以改变领导

我作为顾问在和公司的往来中，观察了很多领导。

确实有很多优秀的领导，他们会认真地为公司的将来考虑，培养员工，自己也诚实地面对员工。但是另一方面，也有很多领导让人很难夸他优秀。

他会把自己的成绩夸大，擅长讨好上级领导，趁着年功序列制，只是工作年限长，就能晋升。在总公司看不到晋升的机会，就来分公司担任要职，一幅怠慢工作的样子。

遗憾的是，这种胡作非为的领导有很多。

可以说，凭借一己之力改变领导的"工作态度"极难。无论多么努力，凭借一个人的力量，领导是不会变的。尽管如此，如果员工孤军奋战，自身的热情也会消退。因为没出息的领导，连自己的工作生涯都黯然失色，真是不值得。

在这里，我想重申一遍，通过本书想要传达给大家的是，不应以"个人"立场，而是**作为"组织"的立场来应对，改变领导的工作态度**。

改变"不听员工烦恼的领导"

人的一生中，在公司度过的时间出奇地长。如果可以，人们肯定想让工作生涯也有价值。为此，应该怎么做呢？想要改变没用的领导，就要试着跟领导商量一下。

某通信公司的一个部门，通过讨论决定出一个口号——我们要成为一个所有员工开心、互助、便于工作的部门。为了能顺利实现这一目标，他们制订了具体的行动计划。

行动计划主要是每月2次的座谈会，主要为了"了解部门员工的烦恼、课题，强化互相合作的具体行动"。

他们把座谈会命名为"互助强化会"，决定邀请"不中用的总监"参会。"互助强化会"上，和总监聊烦恼，听取他的建议。

平时就听说他是一个"不愿听员工的烦恼"的总监。以"互助强化会"为由，把那个总监带入"不得不听员工烦恼"的场景。

会后，把员工的烦恼、总监的反馈都总结在表格中，提交给上级部门。这样一来，对于总监来说，没有"逃避的地方"。适当地听员工诉说烦恼时，要如实记录谈话内容，因为会被上级领导确认。

之前不关心员工烦恼的总监，变得真挚地倾听员工的烦恼并给出自己的建议。

"我想为了员工、伙伴尽己所能。"

如果领导有这种想法，借助员工、伙伴的力量，一点点改变现状吧！

从随心所欲地聊着"想要什么样的职场"开始，把领导带进"不得不侧耳倾听员工的声音"的场景中去。

结论

别一个人扛着

在研讨会、咨询会、座谈会上等，有超过10000个公司领导帮我明确了"真正烦恼的事情"。在此向暴露自己的弱点，认真、如实地吐露自己烦恼的各位领导表示衷心感谢。

向我诉说烦恼的有小工厂的厂长、大企业的总监、主管、刚继任的企业继承人，也有刚晋升为公司领导，以及满怀希望的年轻人。领导们的履历真的非常丰富。

但是，从有着各种各样经历的领导那里收集到了超过10000条的烦恼，仔细分析，可以总结为本书中写到的50条。与企业规模、创立时间、行业无关，企业领导都有同样的烦恼。

结论
别一个人扛着

团队业绩没有提高、团队发生问题等，这些并不是因为各位领导的能力不够。任何公司的任何团队都会发生同样的问题，业绩没有按预期提高，领导们很头疼。

因此，希望今后大家能注意，请不要一个人烦恼。

请和这些领导一样，说明烦恼并求助。如果可以，请各位积极和隔壁部门的领导、自己团队的员工等公司同事交流。这也会成为公司内"互助"文化形成的契机。并且，"互助"文化也是企业在严峻的市场环境中存活下去的强大力量。

即使说"要相互帮助"，员工还是不动。那是因为领导"连谁因为什么烦恼都不知道，更何况在没有形成互助风气的职场，极少有人可以助他人一臂之力"。

但是，真诚地向员工求助，被求助的人大多不会不高兴。因为员工好不容易被相信、拜托，所以总要想办法帮助自己的领导。我的确看到很多人这样做。"眼前的人有了麻烦，我想帮帮他"这种潜意识，人人都会有。

把"一个人的智慧"变成"大家的智慧"

距今几万年前,地球上的哺乳纲灵长目人科人属最终被淘汰成尼安德塔人和我们的祖先"智人"2种。一种会在地球上存活下来,另一种会以某种理由灭绝。

尼安德塔人比智人的智商高,体格也是智人的1.3倍,可谓身强力壮。然而,地球发生激烈的气候变动后,生存下来的是比尼安德塔人脆弱的智人。

为什么呢?尼安德塔人对于身强力壮的自己太过自信,只形成最多5人左右的团队。总是单独或是少数人一起去狩猎,不幸走上了受伤、灭绝的道路。

另一边,和尼安德塔人相比,智人更脆弱,为了弥补这些弱点,智人形成集团,为了生存,大家奉献自己的智慧。考古发现了智人曾形成2000人规模的集团一起生活的遗迹。智人分享"个人的智慧",把它当作"大家的智慧",最大限度地提高了生存的可能性,如此才能存活至今。

我们的祖先通过互助渡过了灭绝的危机。所以,互助是

结论
别一个人扛着

存活下来的唯一道路。

时间流逝，进入2020年。

"人类灭亡的危机"还没有到来，但是经济市场环境严峻，竞争越来越激烈。如果把自己公司被淘汰比喻成"灭绝"，现在有很多濒临灭绝的公司。

但是，也不必害怕。因为我们知道，互助可以渡过危机。

暴露苦恼，寻求帮助不是"弱点"，是提高自己所属集团生存可能性的、有勇气的行为。

最后，让我讲一下我母亲的故事。我病弱的母亲，做西服剪裁工作，每天工作到很晚，非常辛苦，她拼命地抚养我成人。

对于学习完全不行，猫着腰咯吱咯吱地咬着指甲，总躲在母亲身后战战兢兢的我，她却向人这么介绍："这孩子是我最大的宝贝。"她精心培育着我。

在序言中我说过，被领导提拔，第一次带领员工工作的我，压力大到想要辞职。

母亲的一封信救了我。

"领导工作不是显示你优秀的工作，你所做的工作是去发现每个员工的优秀，打造一支能团结互助的团队。孩子，就做自己能做的事情就可以了，拼命干吧。然后，不懂的事情就求助员工。"看到这些，我做了决定。

　　这就是我领导人生的起点。在你要度过大多数人生中重要日子的职场，相信与你一起工作的伙伴，并且互相帮助吧！

　　衷心希望以本书为契机，在您的团队、公司内，互助的圈子可以不断扩大，请各位读者大显身手吧。

　　不知本书能否对各位读者有所助益，我反复阅读，对帮助我成书的妻子表示由衷的感谢，就此搁笔。

　　最后感谢各位读者的支持！